Work Engagement for
People with
Disabilities

障がい者の
ワークエンゲイジメント

ソーシャルファームにおける就労支援の方向性

柏本 行則 Yukinori Kashimoto

大学教育出版

まえがき

　「福祉」との出遇いは，1989 年でした．ADL（日常生活動作）の改善に，今では当たり前の物理療法や運動療法を老人福祉施設に持ち込み，2 年間，教え学ばせてもらったのが契機です．

　有為転変は世の習い．社会福祉の従事者として自らの資質向上に努め，2019 年に志望し「学び直し」の 2 年間で修士課程を修了．さらに，修士論文を整理し加筆修正した課題が，査読付きの論文として環境福祉学会の研究誌に掲載され，おそまきの初学者としての一歩を踏み出すことになりました．

　「学び直し」を決意する動機となったのは，研究主題である「障がい者・高齢者および若者達のケア並びに働く場の創出に関する実践的研究」を重ねる中で，研究対象の社会的弱者である障害のある人に注目したことからです．

　彼らの対面するコミュニケーションでは，その表出から能力を不当に評価されることもあり，感情・態度・好み・性格について誤解を招く場合もありました．彼らは生きづらさを抱え，何を感じて，どのように捉えているのか，その主観に興味を持ちました．彼らが生きていく目標に「働く」ことを示して「傍_{はた}を楽にする」，つまり，かたわらにいる人や世の中の人を楽にしてあげる．そうすれば，きっと楽（幸せ）になるという思想が，「生きる力」を生み出すのだと考えました．

　「働く」ことで，つながり，結びつくこととは何かを知りたい．それが，ワークエンゲイジメントを指標にした要因でした．

　本書は，修士課程で執筆した論文を基に，働く障害者が置かれた立場（法令上・権利と配慮・雇用と就労の差異など）を示し，障害者の職種や職場環境に人間関係など，何が彼らの主観にワークエンゲイジメントするか，個性や特徴を特長化する行動の秘策は何かをまとめたものです．

あらけずりの内容はご容赦を願い，すでに社会的企業を起業した方，これから起業しようとする方，一般企業でワークエンゲイジメントを取り組もうとする方にも知っていただき，「ひらめき」の一助になれば幸いです．

柏　本　行　則

障がい者のワークエンゲイジメント
― ソーシャルファームにおける就労支援の方向性 ―

目　次

序章 研究の背景と目的

1. 研究背景

　高齢者や障害のある人が，地域の中で暮らし，そして働いていくためには，行動が自由になるための配慮が必要である．弱い立場の人たちの社会での就労機会は，自分らしい適切な仕事に出逢い，自由選択や意思決定ができる配慮された環境下にあることが望ましい．

　本研究は，高齢・障害[1)]・子育て・貧困等々，地域社会の変化とともに多様化・複雑化する社会の課題が山積する中で，人間が人間らしく仕事ができる「働きがい」のある職場環境の構築をめざすものである．筆者の実践的研究において，障害者や高齢者および若者たちが協働して働く場は，互いの個性や特徴を特長にと導き，成長へと引き寄せる職場環境を創り出す．そのあり様は「社会的雇用」を核として，個々に適応する職能を横断的につなげれば「働く場」の創出となる．また，障害者や就労弱者など働きたくても働く場所が見つからないという人を受け入れる社会的企業であるソーシャルファームを主軸にした就労形態と，地域共生モデルを生み出す契機になると考えている．

注1)　論文題目では「障がい」と表記し，本論では「障害」と統一して記することにする．

2. 研究目的

　わが国は，2014年に国連総会による障害者権利条約に批准した．同27条の「労働及び雇用」に準じて，日本の障害者雇用は基本的には，一般企業で進める施策に舵を切った．

　労働人口を増す施策としての障害者雇用は，今後ますます進められるもので，法定雇用率が増していく企業や障害区分の範囲が拡がる就労支援事業所は，これに備える必要があるとした．また，障害者雇用の就労支援の体系として，企業への一般就労や福祉的就労の他に，第三の就労形態である社会的企業の参画があり，その事業形態のあり方が注目されるようになった．

　本研究では，第三の就労形態としてソーシャルファームのあり方の有効性に迫る．ここでは，福祉的就労作業の場の中で働く利用者のワークエンゲイジメント（活力・熱意・没頭）スコア値を比較し，ワークショップのポジティブコミュニケーション（周りも自分も元気にする心理学的スキル）の可能性を追究する．

　本研究は，障害者が就労の「場」から感じ取る主観は障害者にどのような影響を与えるか，また，ワークエンゲイジメント（UWES）尺度を用いて数値化し，分析することで，障害者を成長へと導く．障害者のスキルアップにつながる職場環境の改善と就労支援のあり方を明らかにすることを目的とする．

1章 障害者雇用と障害者福祉

1. 障害者雇用の現状と課題

（1）障害者雇用の政策展開

　障害者福祉領域において，就労および雇用がどのように取り扱われてきたのか，まずは，障害者に対する雇用施策の起点と雇用が進まない問題点についての近況を検討する．

　山田（1987）の「現代における障害者福祉の展開」と題した論考では，「身体障害者雇用促進法」（1960年）の制定から，同法改正（1976年）に身体障害者を対象とする雇用率制度を創設し，職業リハビリテーションが法律に明記されたのを経て，法の対象範囲を拡大する，「障害者の雇用の促進等に関する法律」（1987年）への改正と改名した時期までを障害者の雇用施策の出発期であると指摘している．

　障害者のリハビリテーション分野について荒尾ら（2014）は，「障害者の幸福度は健常者と差があるのか？」の研究において以下のように述べている．

　「この研究では全国調査のデータを使用し，障害者と健常者の幸福度，将来の幸福度を比較した．その結果，障害のある女性が有意的に少なく，幸福度，将来の幸福度のいずれも障害者が低値を示した．この理由として，障害者では幸福度の決定要因である所得や健康度が低下していることが挙げられる．すなわち，障害者が就労や健康面で大きなハンディーキャップを負っており，社会的弱者として幸福度が低下している．また現在の幸福度のみならず，将来への幸福度も低下がみられた」．

　近年，国民の幸福度への関心が高まっており，政策にも反映させようという取

り組みが行われている．リハビリテーション分野では医療費を抑制するような日常生活動作能力や入院期間などの指標が重視され，個人の生活の質や満足度といった主観的な指標は軽視される傾向にある．それゆえ障害のある者にこそ，主観的な指標が重要な意味を持つのではないだろうか．障害者と健常者の幸福感について比較し，障害者の幸福度の現状を踏まえた先行研究の多くは，失業者や所得格差，あるいは女性の社会進出といった立場での研究であり，障害者の幸福度に着目したものはみられない．

荒尾は，障害者が幸福度において低下があり，幸福感を感じていない現状があると指摘している．しかし，荒尾の幸福度指標は健康度，世帯収入を取り入れているが，所得の要因である雇用について言及されていない．一方，山田が出発期といった時代には障害者の雇用施策が中心の展開のため，障害者のメンタルケアやカウンセリングに言及することはなく，リハビリテーション分野の推進であったため，精神面へのアプローチはさほど手厚いものではなかった．

これらは，障害者がその障害を克服する訓練を前提に社会復帰をめざすこと，いわば，障害者の労働意欲を増進する施策のため，リハビリテーション医療の基礎の確立と同時に，障害者の多様化するニーズにリハビリテーション技術の応用が追随することになったことにも起因している．そうしたことから，障害者福祉の理念において，障害者の社会参加・働く障害者に大きな変化があり，起点となった時期，すなわち，保護からサービスへ，自立から社会参加へと障害者就労・雇用の出発期となったと認識できる．その後，1998年には，知的障害者も算定の基礎となる雇用率が実施され，雇用の義務化が追加された．

2002年には障害者雇用支援策の拡充として地域の主な就労支援機関による支援では，ハローワーク，障害者就業・生活支援センター，地域障害者職業センターが中心となって，障害者一人ひとりの特性に配慮した職業指導，職業紹介等の職業リハビリテーションを，医療・保健福祉・教育等の関係機関の連携のもとに，障害者と事業主双方に対する就職準備段階から職場定着（リワーク支援含む）までの一貫した支援体制が整備された．

そして，2006年には精神障害者も実雇用率に算出されるようになり，2018年には法定雇用率の算定基礎の対象に追加され，障害者雇用政策は徐々に拡大してきた．

　法定雇用率の義務化と雇用納付金制度は，障害者雇用促進のカンフル剤として割当雇用制度を採用し，事業主間の経済的負担を調整するため，法定雇用率を満たしていない企業から納付金を徴収し，障害者を多く雇用している事業主に対して調整金等を支給する．この目的は，従業員の一定割合（法定雇用率）以上の雇用を義務付け，労働人口における障害者割合分の雇用として，企業の障害者雇用促進を速やかに進捗させることにあった．

　『障害者雇用対策の基本事項』（厚生労働省資料）によると，2018年4月より施行されている現行の障害者雇用率制度では，民間企業2.2%，国・地方公共団体2.5%，都道府県等の教育委員会2.4%の法定雇用率で，2021年3月より，民間企業の法定雇用率は2.3%に上昇し，今後も段階的に引き上げられることになっている．しかし，厚生労働省（2020）『令和2年の障害者雇用状況の集計結果』によると，実雇用率は2.15%，法定雇用率達成企業の割合は48.6%と近年の実績は，2018年，2019年の伸び率は下がり，伸び悩み状態にあって，現状も成果を得られた状況とはいえない．

（2）　障害者雇用が進まない要因

　次に，障害者の雇用政策や雇用が進まない問題点を厚生労働省の『障害者雇用実態調査』，『働き方改革実行計画』，『今後の障害者雇用促進制度の在り方に関する研究報告書』等から，提起する．

　『今後の障害者雇用促進制度の在り方に関する研究報告書』（厚生労働省2018）に，障害者雇用者数は着実な増加を示してきたが，障害種別の多様化する中で，○障害者雇用は大企業が牽引，一方で中小企業の取り組みが低調，○今後，障害者を雇用する企業は，精神障害者・発達障害者の雇用が中心となる可能性，○障害者本人に加え，企業に対する職場定着支援の取り組みも必要と示した．

　『働き方改革実行計画』（2017）（働き方改革実現会議決定）では，障害者等に対する就労支援を推進するには時間，空間の制約を乗り越えて，障害者等が希望や能力，適性を十分に活かし，障害の特性等に応じて活躍できることが普通の社会，障害者とともに働くことが当たり前の社会をめざしていく必要があると掲げている．

　職場定着について『障害者雇用実態調査』厚生労働省（2013）には，障害者の

継続雇用の課題となり得る要因として，仕事内容や賃金，評価等の労働条件の他，職場の雰囲気や人間関係，体力との関係，通勤などの「働く場」に関する課題も多く見られる．これは，障害者の心象をまとめた希少資料である．具体的には，「離職の個人的理由」として身体障害者，精神障害者ともに，職場の雰囲気，人間関係，賃金，労働条件に不備がある，仕事が合わない，家庭の事情などを挙げている．さらに，精神障害者は疲れやすく体力意欲が続かなかった，症状が悪化（再発）した，作業・能率面で適応できなかったことも挙げている．一方，身体障害者は会社の配慮が不十分，障害のため働けなくなった，通勤が困難と答えた．「仕事継続の改善」では，能力に応じた評価，昇進・昇格を，身体障害者，精神障害者ともに望む者が3割程度で多く，調子の悪いときに休みを取りやすくする，コミュニケーションを容易にする手段や支援者の配置，能力が発揮できる仕事への配置を望む者は2割程度，短時間勤務などの労働時間，上司や専門職員などによる定期的な相談，作業を容易にする，設備・機器の充実，福利厚生の充実，通院時間の確保・服薬管理など雇用管理の配慮，業務内容の簡略化などの配慮，業務遂行の支援や本人，周囲に助言する者等の配置，職業生活・生活全般に関する相談員の配置などは1割前後の者が望んでいる．また，身体障害者の1割弱の者が移動のための配慮を望むという調査結果であった．

　近年，一般企業等における障害者の雇用環境は改善してきているが，依然として雇用義務のある企業の約3割が障害者雇用義務を守らない他，経営トップを含む社内理解や作業内容の改善等にも課題が残されている．また，就労に向けた関係行政機関等のさらなる連携も求められている状況にある．

　このため，2018年4月より法定雇用率を引き上げるとともに，障害者雇用のない企業が障害者の受け入れを進めるため，実習での受け入れ支援や，障害者雇用に関するノウハウを付与する研修の受講を進めるほか，障害者雇用に知見のある企業OB等の紹介・派遣を行うとしている．

　また，発達障害やその可能性のある方も含め，障害の特性に応じて一貫した修学・就労支援を行えるよう，教育委員会・大学，福祉・保健・医療・労働等関係行政機関と企業が連携する体制を整えるとした．

　さらに，障害者の在宅就業等を促進するため，在宅就業障害者に仕事を発注した企業に特例調整金等を支給する制度の活用促進を図るとともに，ICTの活用

を進め，仲介事業のモデル構築や，優良な仲介事業の見える化を支援する．加えて，障害者の職業生活の改善を図るための最新技術を活用した補装具の普及を図るとともに，農業に取り組む障害者就労施設に対する6次産業化支援など，農福連携による障害者の就労支援について，全都道府県での実施をめざすとした．

今後，多様な障害特性に対応した障害者雇用の促進，職場定着支援を進めるため，有識者による会議の場を設置し，障害者雇用に係る制度のあり方について幅広く検討することが必要になる．

ならびに，雇用・就業の障害者の自立・社会参加のための重要な柱としては，障害者等が希望や能力，適性を十分に活かし，障害の特性等に応じて活躍できることが普通の社会，障害者とともに働くことが当たり前の社会をめざしていく必要があるとして，就労を通じて生きることの意味を再確認するとしている．

社会で働き，与えられた仕事に応えることで自らの可能性を拡げることができ，さまざまな人との関わりを通じて，人として成長する．こうした経験は何物にも代替できない．しかし，障害者は長らくこうした経験の外に置かれていた．障害者がどんなに働きたいと願っても「障害」があることで，働ける場所や職場が限られることは，社会参加で得られる「幸福感」は少ない．単なる雇用促進ではなく，障害者本人が望む働き方ができる社会をめざす必要があると展望を示したが，いまだ問題解決には至っていない．

（3）　障害者の生活と就労・雇用政策の転換点

障害者の就労および雇用政策は，近年の障害者福祉施策の変遷を経て，現行の「障害者総合支援法」が成立となった（2012年）．これは，2003年の支援費制度に始まるが，従来の措置制度の障害保健福祉施策とは大きく変化したもので，障害者の「労働」と「福祉」が合流した起点でもあった．

2003年の支援費制度の導入までは，障害者が利用する福祉サービスの利用内容や利用できる量は，措置制度での都道府県や市区町村の決定によるものであった．それまでは，障害者の暮らしぶりを左右する福祉サービスを行政が決定する仕組みであったため，利用者の立場に立った制度構築への改革が必要とされた．支援費制度では，市区町村から福祉サービスの支給決定を受けた障害者の選択と自己決定で，サービス提供の事業所との契約による，福祉サービスを利用する仕

組みを取り入れた．しかし，支援費制度の導入によりサービスの利用者増加となり，財源確保が困難となったことに加え，地域ごとのサービス提供格差や障害種別間の格差が生じ問題となった．

これらの問題解決のため，2006年の「障害者自立支援法」が施行されたが，法律の基本理念の規定がないこと，サービスの必要性を図る基準内容が障害特性に反映されていないことなど，施行当初から問題として指摘されていた．

それまでは，障害年金収入が中心であれば，自己負担はなかった．自立支援法では，サービス利用者に原則1割の自己負担を設定したため，サービスの利用を差し控えるケースも多発した．2010年の改正自立支援法では，1割の自己負担を応能負担に改める設定とした．

その後，2013年の施行までには，「共生社会の実現」や「可能な限り身近な地域で必要な支援を受けられる」など基本理念を定め，福祉サービスを利用する障害者の範囲を見直し，難病等の対象の拡大，介護給付・訓練等給付に分かれていたケアホームとグループホームの一元化，重度訪問介護の利用拡大，障害福祉計画の定期的な見直し，障害程度区分を障害支援区分に名称変更したあり方および，支給決定方法の3年間程度の見直しなどが示されたが，「障害者自立支援法」の廃止にはほど遠く，総合福祉部会の骨格提言をほとんど勘案していないなどの批判が数多くされたことから，法施行後3年を目途とした見直しを前提とする「障害者総合支援法」が成立したのである．

（4）　障害者施策の新たな段階

浜田（2016）は，障害者総合支援法等改正案提出および成立に関する経緯を施行後3年目の見直しの議論から始めて，以下のように述べている．

厚生労働省は，2014年12月，障害者福祉サービスの実態を把握したうえでそのあり方等について検討するための論点整理を行うため，「障害福祉サービスの在り方等に関する論点整理のためのワーキンググループ」を設置した．ワーキンググループは，2015年4月，2012年整備法附則第3条に掲げられた検討事項に障害児支援を加え，障害福祉サービスのあり方等について，①常時介護を要する障害者等に対する支援について，②障害者等の移動の支援について，③障害者の就労支援について，④障害支援区分の認定を含めた支給決定のあり方について，

⑤障害者の意思決定支援・成年後見制度の利用促進のあり方について，⑥手話通訳等を行う者の派遣その他の聴覚，言語機能，音声機能その他の障害のため意思疎通を図ることに支障がある障害者等に対する支援のあり方について，⑦精神障害者に対する支援のあり方について，⑧高齢の障害者に対する支援のあり方について，⑨障害児支援について，⑩その他の障害福祉サービスのあり方等，10項目の論点をとりまとめた．この論点整理を受けて，厚生労働省社会保障審議会障害者部会は同月から本格的な議論を開始し，計45団体からのヒアリング等を行った上で，同年12月，報告書「障害者総合支援法施行3年後の見直しについて」を取りまとめた．障害者部会報告書においては，関係法律の改正や2018年度に予定されている障害福祉サービスの次期報酬改正等に向けて，財源を確保しつつその実現を図るべきとされ，具体的な改正内容について検討を進めた．

これらの報告書等を受け，政府は，2016年3月，障害者総合支援法等改正案を閣議決定し，第190回国会（常会）に提出した．同改正案の主な内容は，生活や就労に対するサービスの創設等の開始，障害者が自ら望む地域生活を営むための支援の充実，高齢障害者による介護保険サービスの円滑な利用の促進，障害児支援のニーズの多様化にきめ細かく対応するための支援の拡充等を図るとともに，都道府県がサービス事業所の事業内容の情報を公表する等，サービスの質の確保・向上のための環境整備を行うものである．

国会における主な議論では，障害者総合支援法が制定されたこれまでの経緯等を踏まえ，障害者総合支援法等改正案の評価，特に基本合意や骨格提言の反映状況とその妥当性等について多く取り上げられた．

参考人の意見陳述においては，障害者総合支援法等改正案によって自立生活援助や入院中の医療機関における重度訪問介護が導入されることなどから，障害者施策が前進するとして同改正案を評価できるとする旨の意見が挙げられる一方，骨格提言が障害者福祉制度を障害者権利条約に合うように，抜本的に見直すモデルチェンジの提案であったのに対して，現行の障害者総合支援法も同改正案もマイナーチェンジを行うレベルに過ぎず，効果がほとんどないとする旨の意見も挙げられ，見解が分かれた．

厚生労働省は，基本合意および骨格提言は障害者等当事者の思いが込められたもので，その意義は現在も失われていないとした．また，骨格提言に盛り込まれ

た各事項の内容も踏まえつつ，制度改正や報酬決定等に通じてこれまで段階的に必要な対応を進めてきたところであるとし，今後とも障害者総合支援法等改正法の施行状況等を踏まえつつ，当事者，関係団体の意見をていねいにくみ取り，障害福祉制度について不断の検討を行うとした．

改正する法律案に対する衆参の厚生労働委員会の主な附帯決議項目として，重度訪問介護の訪問先の拡大，自立生活援助事業の創設，就労定着支援事業の創設[2]，高齢障害者の介護保険サービスの利用負担軽減，障害児支援の拡充，障害者等の移動支援，等の附帯決議がそれぞれ全会一致をもって付されている．

障害者等の移動支援については，障害者総合支援法等改正案には盛り込まれていないところではあるが，質疑において移動支援による通勤・通学の重要性について見解が問われ，厚生労働省は，障害者に対する就労移行支援及び障害児に対する通所支援において通勤・通学経路の確認や公共交通機関の乗り方の訓練等を行うことはきわめて重要とし，地域生活支援事業による移動支援ではなく，個別給付による対応について検討する旨，答弁した．

衆参の附帯決議では，移動支援については，教育施策や労働施策との連携を進めるとともに，「障害者差別解消法」の施行状況等を勘案しつつ，モデル事業を実施するなど利用者のニーズに応じたきめ細かな支援の充実策の検討が求められ，さらに参議院では，個別給付化を含めた検討が求められたと述べている．「我が国の障害者施策は新たな段階に入ったと言えよう．今後は，『障害者総合支援法等改正法』を始めとしたこれらの法制度の趣旨を社会に浸透させ，これまで以上に障害者が積極的に参加し活躍できる社会となるよう，更なる取組が求められる」と浜田は最後に指摘している（浜田 2016）．

（5） CiNii を用いた文献収集の検討

障害福祉領域の中で障害者の就労および雇用がどのように研究されてきたのか，国立情報研究所 CiNii を用いて文献収集を試みた．「障害者　雇用」で4807

注2）　就労定着支援事業の創設では，就労移行支援事業等を利用して一般就労へ移行した障害者が，就労に伴う環境変化により生活リズムや体調を崩す等の生活面の課題に対応するため，企業，関係機関，家族等との連絡調整等の支援を一定期間にわたり行うことで就労定着を図る．就労定着支援事業の創設が盛り込まれたものである．

件，「障害者　就労」で2677件，「障害者　就労支援」では1281件であった．障害者の働く場に関わるものでは，「障害者　賃金」461件，「障害者　職場定着」58件，「障害者　離職」59件，「障害者　作業能力」37件，「障害者　就労機会」13件，「障害者　雇用機会」29件，「障害者　就労環境」18件，「障害者　雇用環境」12件，「障害者　労働条件」15件，「障害者　仕事内容」6件，「障害者　職場の雰囲気」2件，「障害者　職場の人間関係」7件，「障害者　働く環境」2件，キーワード検索で，研究のサンプルを得ることができた．このうち，障害者の職場の雰囲気や働く環境が最も少なく，次に少ないのは，仕事内容や人間関係についての順となっている．いずれも，障害者が働く職場内で障害者自身が感じる心理的内面を研究したものは少ないということを示している．本研究はこれらを追究するものである．

（6）　措置制度と契約制度と申請主義

「調和を第一に，みなが協力し合っていかなければならない」というのが日本ならば，「より迅速に，より多く，自分に利益を与えるものでなくてはならない」というのがヨーロッパといわれている．日本の習慣では，「みんながみんな同じことができなければならない」という強迫観念に捉われている可能性は低いとはいえない．意見が言えない，行動に移せない，結果を出せない者は物事に取り組むことが億劫になり，やがて参加欠如をもたらし，社会的排除に至る．このような社会的不利に対する各種行政手続案内，受け付け，交付などワンストップ・サービスの必要性を指摘する．

障害者をはじめとする社会的弱者が生活のしづらさにおいて，掲げる理由の一つに，契約制度や申請主義による手続きの問題がある．現行の社会保障制度の利用にあたり，行政が福祉サービスを提供すべきか否かを判断する措置制度は生活保護に限らず，戦後整備された障害者福祉，高齢者福祉などのサービスにおいても前提となっていた．

1990年代，社会福祉基礎構造改革以降，福祉サービスが選択や申請を前提に提供されるように，サービスの提供の仕組みが措置から契約に変更となった．「障害者自立支援法」も含めて現在の福祉サービスのほとんどは契約制度に変更となっている．

現行の申請主義は，利用者が物理的にも能力的にも選択と申請の手続きが可能な状況にあることを前提としている．そのため，社会的弱者をはじめその手続きを行うことが難しい者は，制度に到達できない現状がある．申請主義をとる以上，利用者の申請権をさまたげることがあってはならず，手続きに対応する行政機関の情報提供義務とプロセスが明確になっていなければならないが，実際はそうなっていない．

　福祉サービスの適切な利用に関しては，国および地方公共団体は，福祉サービスを利用しようとする者が必要な情報を容易に得られるように，必要な措置を講ずるよう努めなければならない．つまり，「努力義務」にとどまっている．申請から受理の運用プロセスにおける誤認・遅延遅滞など手続き支援の乏しさ，物忘れなどの認知症の症状や知的障害，精神障害等によって必要な福祉サービスを自身の判断で適切に選択・利用することが難しい者を対象にした福祉サービス利用援助事業（日常生活自立支援事業，地域福祉権利擁護事業）などは存在するが，効果は限定的である．行政窓口の職員の専門性不足という問題もある．行政窓口に行ったものの，職員の知識不足，誤った知識の伝達により，必要な制度にたどり着けない事態が生じている．少なくとも，利用者側に寄り添ったサポート体制が必須と考えられる．

2. ディーセント・ワークと障害者就労支援

（1） 働きがいのある人間らしい仕事の保障

　障害者の勤労には，あたかも働くことが免除されたかのような扱いを受けていた過去からの脱却を経て，働く権利の尊重，個性が成長へとつながる配慮の理論と方法が必要であり，障害者がその機会に恵まれることが重要である．

　障害者の就労および雇用の場が，障害がある人にとって働きやすい職場であるならば，障害がない人にとっても働きやすい職場であろう．すべての労働者が働きがいを感じる仕事に就くためには，労働環境や条件等を変えていく必要があり，それは，障害者の就労雇用においても同じことがいえる．その牽引役として，世界の労働者の労働条件と生活水準の改善を目的とした，国際労働基準を制定する国際連合の専門機関である国際労働機関 ILO がある．

　国際労働機関 ILO がめざすディーセント・ワークには「権利が保護され，十分な収入を生み，適切な社会保護が供与された生産的仕事」（第 87 回 ILO 総会事務局長報告 DECENT WORK 日本語訳）という意味で 1999 年の ILO 総会で初めて用いられた言葉である．ILO の 21 世紀の主目標であり，「働きがいのある人間らしい仕事」と訳され，ILO 活動の主目標として位置付けられた．

　日本でのディーセント・ワークの内容は，『ディーセント・ワークと企業経営に関する調査研究事業報告書』（厚生労働省 2012 年）に，（1）働く機会があり，持続可能な生計に足る収入が得られること，（2）労働三権などの働く上での権利が確保され，職場での発言が行いやすく，それが認められること，（3）家庭生活と職業生活が両立でき，安全な職場環境や雇用保険，医療保険，医療・年金制度などのセーフティーネットが確保され，自己の鍛錬もできること，（4）公正な扱い，男女平等な扱いを受けることとして 4 つに整理されている．それは，「ワーク・ライフ・バランス，働き続けられる職場」「公平・平等」「能力開発」「収入」「労働者の権利」「安全衛生」「セーフティーネット」の 7 つの観点から捉えている．

　中尾（2014）によると，ディーセント・ワークとは，持続可能な生計に足る収入があること，家族も含めて安心して生産的な仕事ができるということ，自己のキャリアアップができること，また，インクルーシブな社会がめざされていること，表現の自由が保障され団結権も認められていること，多様性が尊重された仕事を指している．これらのディーセント・ワークは，人が生きていく上で法による平等の権利を保障されることで達成されると述べている．

　小澤（2018）は，障害者が安定的に働くためには，個々が「人間としての力」や「仕事上のスキル」等を高める必要があるが，それと同じくらい，もしくはそれ以上に，周囲が「働きやすい環境を整える」という意識を持てるかが重要な要素となるとしている．また，障害者が働きやすい環境を整えることは，その他の人にとっても働きやすい職場にもなり得ると唱えている．そして，障害者雇用・就労におけるディーセント・ワークの達成は，本人・企業・支援機関の協力と連携が不可欠であると述べ，障害者がディーセント・ワークを達成するための 5 つのエッセンスを示した．1）個々の特性や強みを生かす，2）本人の気づきとモチベーションを高める，3）理念や目標を共有しチームで仕事をする，4）失敗しな

がら成長に向けて挑戦する，5）柔軟であるための「あそび」をもつ．この5つのエッセンスには，組織に対するアプローチと個々に対するアプローチの2つがあり，障害者が働いているか否かにかかわらず，誰にとっても働きやすい組織・職場を実現する鍵となる．その観点から小澤は，障害者のもつ可能性に絶えず挑戦するスタイルを示し，障害の有無には関係なく，すべての人が働きやすい，モチベーションの高いディーセント・ワークがめざされた職場を紹介している．

　ディーセント・ワークは仕事があることが基本となる．その仕事が，権利や社会保障，社会対話を確保し，自由と平等が保障されて，働く人々の生活を安定させる．つまり，人間として尊厳を保障された上で「生活の安定」が得られなければ，ディーセント・ワークとはいえないのである．

　ディーセント・ワークはSDGs（持続可能な開発目標）の目標8「働きがいも経済成長も」の目標達成のためのターゲットにも挙がっている．2030年までにすべての女性と男性の完全かつ生産的な雇用と，ディーセント・ワークを達成することを目標としている．

　2015年に国連が採択された『持続可能な開発目標（SDGs）』では，2030年までに国際社会全体にかかわる貧困や環境問題を解決し，平和で安全な暮らしを実現することが目標とされている．その目標の一つとして掲げられているのがディーセント・ワークの推進である．2021年1月にSDGs達成のために『行動の10年（Decade of Action）』に働く人（労働者）と企業（使用者）とが対等な立場で協議し，企業の実態に合わせながらディーセント・ワークを実現することが労働を通じて持続可能な世界をめざすために重要と示されたのである．

（2）　ILOの障害者就労分野の課題

　ILO駐日事務所の解説に，『障害を有する労働者とILO』（2006年）がある．ILOは障害者権利条約との連携で，国際労働基準，促進活動，知識基盤構築，技術協力サービスを通じて，障害を有する人びとの権利と能力に対する認識の高まりを受けて，障害を有する人びとを社会の縁辺から中央に押し戻し，できるだけ完全な社会参加を達成する流れを強化しているとの見解を示した．そうしたILOが取り組むディーセント・ワークは，実践に対する理想が漠然としていて明確さを欠く．日本のディーセント・ワークと障害者の問題（CiNii検索）に取り組む

研究は24件と少ない．そのうち障害者就労にかかる1件，中尾の実践研究を取り上げる．

　中尾（2014）は，障害者就労分野のディーセント・ワークは，「利益（売上）の向上」と「福祉（支援）の充実」といった，ともすれば相反すると考えられる両者が一度に求められているということにあると言っている．

　ディーセント・ワークは，ILOの21世紀の活動の主目標であり，障害者の分野のみならず，さまざまな観点から「働き方」を考える上で有効なキーワードである．ILOが述べているように，ディーセント・ワークをめざすための行動計画はそれぞれの現状に沿った具体的なものでなければならない．しかし，ILOの障害者就労分野におけるディーセント・ワークについては，現時点において明確な定義がされていない．

　ディーセント・ワークをめざすには，その考えを理解し，実践現場の実情をふまえながら，だれが，何をめざし，どう行動するのかという具体的な行動計画を作らなければならない．働く障害者においては，「労働の権利」を行使したい障害者が働く権利を達成できていない点，持続可能な収入を得ることが現時点においては不可能に近い状態である点，能力開発をはじめとした障害者のスキルアップという視点が不足している点，障害者にとっての働きがいのある人間らしい仕事が十分に議論されていないという点をディーセント・ワーク実現への課題として中尾は挙げている．

　障害者就労分野の職場環境に求められることは，働く喜びを得ながら働きたいと思える仕事をすること，仕事をした対価として正当な賃金が支給されること，キャリアアップがめざせる環境であること，働くことを通して社会参加できることなどである．しかしながら，これらの項目を支援現場にそのまま重ねてみると，現実との非常に大きな乖離があると考えられる．支援の現場で受け入れられる指標を作成するには，現場とのギャップについて認識し，その課題が解決されない限り，ディーセント・ワークは実現されることはないことを指摘しておきたい．

3. 社会的企業と社会的包摂の関係

（1） 社会的連帯経済とコミュニティ・ビジネス

　厚生労働省（2002）が示した「市町村地域福祉計画及び都道府県地域福祉支援計画策定指針のあり方について（一人ひとりの地域住民への訴え）」というガイドラインでは，福祉や保健・医療の一体的な運営だけではなく，教育・就労・住宅・交通・環境・まちづくりなどの生活関連分野との連携を，地域福祉推進の基本目標の一つとして掲げている．具体的には，「地域おこしに結びつくような福祉関連産業，健康関連産業，環境関連産業などの領域で，地域密着型コミュニティ・ビジネスあるいは NPO などを創り出していくこと（社会的企業）が考えられる」と示されている．

　近年では，地域活性化や地域再生に結びつく一つの選択肢としてコミュニティ・ビジネスが，地域福祉の分野でも注目され始めている．地域福祉実践が展開される場において，戦略的コミュニティ・ビジネスの位置付ける視点について述べる．

（1）-1　コミュニティ・ビジネスという地域資源開発

　コミュニティ・ビジネスにおいては，地域の課題解決に向けて，地域の事業を通してさまざまな取り組みが展開されている．この場合は，コミュニティ・ビジネスは実践の主体であり，一方では，コミュニティワークの視点から客体化したコミュニティ・ビジネスを地域資源開発の手法という発想で，戦略的に位置づけていくことが求められる．コミュニティワーカーは，実際のコミュニティ・ビジネスの直接的な担い手になることもあれば，地域住民によるコミュニティ・ビジネスに対するコンサルティング的機能（側面的な担い手）を果たすことも期待されよう．

（1）-2　地域資源開発における好循環サイクルの形成

　コミュニティ・ビジネスを地域資源開発の手法として捉えた場合には，地域において好循環のサイクルを形成していることが重要であるといえよう．徳島県上

勝町の「株式会社いろどり」通称「葉っぱビジネス」の事例を取り上げる.

①上勝町における農業の衰退と女性や高齢者が生き生きと働ける仕組みづくりに取り組むことで地域課題の解決・抑制（Reduce）に動きだす.

②悪戦苦闘の結果，女性や高齢者でも取り組みやすい「葉っぱ」という資源を発掘・開拓（Resource）.

③その結果,「葉っぱ」という資源の活用（Recycle）を料理に使用し,「つまもの」として活用する「彩事業（葉っぱビジネス）」を立ち上げる.

④「葉っぱビジネス」が地域経済的なインパクトと，高齢者・女性の働く場（仕事おこし）の創出というインパクト，の両輪においてのクロスオーバー化成功（Remix）.

⑤やがて，視察者の増加に伴い,「いろどり」を含めた上勝町における地域再生の取り組みに共感する人びとが現れ，地域課題解決につなげていきたいという思いや願いが発展・広がりを見せる（React）.

⑥新たな活動も創出され，その現象が次の地域課題解決にもつながっていく（Reduce）.

（1）-3　コミュニティ・ビジネスを担う地域福祉人材の開拓

　地域社会の衰退や地域課題に対して敏感な地域住民を把握し，または地域住民で地域課題の認識・共有化を図り，コミュニティ・ビジネスの「活動者」としてのステージに立つことができるよう，目を配りながら支援していかなければならない．一方で，特定地域の住民だけをターゲットにするのではなく，コミュニティ・ビジネスの取り組みに魅力を感じ，共感する人材を，地域外からも積極的にヘッドハンティングするという発想も求められるであろう．コミュニティ・ビジネスを展開している地域の行政や地元企業においても，積極的な雇用や都市との交流事業の積極的展開，インターンシッププログラムによる学生や企業人の受け入れ等，I・Uターンの受け入れルートづくりを積極的に展開していた．つまり，コミュニティ・ビジネスを取り巻く多様なステークホルダーと協力しながら，地域外も人材を確保するべく多様な参加ルートを形成していくという，いわゆる"まちぐるみ"での人材開拓を創造していく必要があるだろう（柴田2014）.

（2） 地域福祉の推進と社会的企業

　地域ケアの谷間に埋もれる社会的弱者が抱える問題は，本人や地域の認識のないまま，多様化，複雑化することも決して少なくはない．その問題解決には，地域福祉の推進が不可欠である．

　その「地域福祉の推進」が明文化され，地方自治体による「地域福祉計画」の策定が法的に位置づけられた．地域政策における一つの考え方として地域福祉を形成していたのは行政的役割だけではない．そもそも地域福祉の活動はボランタリー組織によるセツルメント活動や民間の社会福祉事業団体，民間組織による慈善事業や社会事業であったように思える．現在でも，地域組織や民間組織が日本の地域福祉活動を支えている．

　一方，地域社会は，地場産業の衰退や中小零細企業の減退といった地域経済問題や，少子高齢化，人口減少，高齢・障害・児童・虐待・ひきこもり・青少年の非行・貧困・自殺・犯罪・ホームレス等，地域ケアの谷間でさまざまな問題を抱えている現状がある．

　こうした地域社会の崩壊から，これまで地域福祉を支えてきた既存の地域組織や民間組織が，継続の破綻や悪循環に陥っている．これからの地域社会に根ざした地域福祉実践には，民間組織の先駆性を取り入れ，「社会的な起業」と「社会的企業」の，地域社会へのアプローチが必須と考える．よって「個人」が起こすソーシャル・イノベーション「社会的起業家」と「組織」的機能と社会政策やコミュニティとの関係に着目する「社会的企業」の2つに整理できる（柴田2011）．

　地域福祉の供給主体は，その活動のステージがどのようなレベルを想定するのかによって枠組みが違ってくる．地域福祉を推進する民間組織等の実働グループでのレベルなのか（ミクロ・レベル），地域福祉計画の策定委員会や地域ネットワーク会議等の協議に関わるレベルなのか（メゾ・レベル），都道府県や国庫補助等による単独事業を実施する場のレベルなのか（マクロ・レベル）によって視点は異なってくる（平野2008，柴田2009）．

　筆者の考えるコミュニティ・ビジネスを実践するソーシャルファームという「主体」は，ミクロ・レベルの実施体と，メゾ・レベルからマクロ・レベルへ達する協議体との共働する活動主体にこそ，これからの地域共生社会を形成するア

クターとセクターが融合する１つの自立体として認識するところにある．

　社会的企業の役割として，多様なニーズに応える社会的な使命感，同じ価値観を共有する組織と有機的に結びつき，収入の手段としてだけでなく，自己実現の手段として働くことができる．仕事の機会を得ることと働く環境と条件を整える理論と方法があり，その実践を継続することが重要と認識する．

　また，地域福祉を推進する装置のような役割として捉えれば，ミクロ・レベルでの「働く場」であるとも認識できる．

　現行の地域福祉では，コミュニティケアやコミュニティ・ソーシャルワークを重視し，住民や当事者の社会参加・社会貢献を強調している．

　地域福祉における社会的企業は，その起業的側面を通じて，住民の社会参加・社会貢献を事業化して提供すること，支援を必要とする当事者の就業および就労という「働く場」の創出ができる．そして，個々の実施体には新たな社会参加・社会貢献の場を創出する視点となることが必要であると考える．

　協議体と実施体の連動，住民参加による住民主体のアクターとメゾ・マクロレベルの産・官・学・金・言など，さまざまなセクターによる新しい形の組織化による地域福祉の展開から循環する地域共生社会の成立に，新しいタイプのソーシャルファームが貢献することを期待できるだろう．

（3）　ステークホルダーの必要性

　本章では，障害者の雇用政策や働き方など，働く障害者を取り巻く環境や組織について，障害者雇用が進まない現状や問題点を取り上げてきた．ここでは，高齢化に関するマルチステークホルダー・フォーラム（アジア，アセアングローバルヘルス国際会議，議長国ベトナム，2017年）を筆者が体験したことから，思惟することとなったステークホルダーの機能と必要性を指摘しておく．

　内閣府による『安全・安心で持続可能な未来のための社会的責任に関する研究会』報告書では，「平等代表性を有する主体以上のステークホルダー間における，意思決定，合意形成，もしくはそれに準ずる意思疎通のプロセス」と定義されている．

　国，事業者，消費者，有識者などの関係者が参画するオープンなプロセスで，ルール策定などを行うことが考えられている．多様なステークホルダーにより，

社会問題の解決を行うことで社会全体での前進が可能となる.

マルチ・ステークホルダーとは，3者以上のステークホルダーが対等な立場で参加・議論できる会議を通し，単体もしくは2者間では解決の難しい課題解決のために，合意形成などの意思疎通を図るプロセスであると示している.

大村（2011）は，ヨーロッパ諸国やイギリスの社会的企業の事例研究を取り上げ，社会的企業の特色としてマルチ・ステークホルダー・ガバナンスを指摘している. 伝統的な協同組合系のものや，そうでない新しいタイプの社会的企業は，ステークホルダーが意思決定に参加するマルチ・レベルのステークホルダーが機能していることを指摘している. 協同組合の社会的企業は民主的なマルチ・ステークホルダーとして比較的機能しており，そのような社会的企業は社会的ミッションの追及を重視している. 協同組合のような伝統的要素がない社会的企業は民主的ガバナンスの制度を構築していても，その運用で民主的な原理を制約する側面が存在する. このような社会的企業の場合，経営者側が市場での競争に勝ち残るための方針を重視するので，他のステークホルダーが求める社会的ミッションの追求や多様なステークホルダーの参加という理念を侵食する傾向にあると指摘している.

また，イギリスの社会的企業で民主的なマルチ・ステークホルダー・ガバナンスが機能していない重要な要因の一つとして，イギリス政府が市場での競争的環境に対応できるよう社会的企業の「企業化」を促進してきたことも指摘している.

社会的企業とボランタリー団体やNPO等を包括してサードセクターと呼ばれているが，サードセクターの理解に関しては，イギリスと他のヨーロッパ諸国との間で相違点が存在する. ヨーロッパ諸国ではサードセクターを社会的経済（social economy）とも呼び，利潤の最大化よりも社会的ニーズを満たすことを優先し，市場原理の行き過ぎを抑制する側面を重視している. これに対しイギリスにおいては，政府の財政支出削減に対してサードセクターの諸アクターに「市場化」や「企業化」を促進する側面が強い.

社会的企業の重要な要素としてマルチ・ステークホルダー，ガバナンスや事業活動を通じた社会的ミッションの追求がしばしば言及されてきたが，イギリスの社会的ガバナンス問題を検討する限り，社会的企業に「市場化」や「企業化」を

迫ることは，これらの理念を抑制する作用を及ぼすことを意味している．

　筆者の考えるソーシャルファームの展開は，地域社会において地域ケアの狭間に存在する高齢・障害・子育て・ひきこもり・貧困等，放置された社会問題を，あらゆる方向からセクターを引き寄せ，横断的に，縦断的に，重層的に，包括的に行う．情報やつながり支援を住民ならびに当事者に提供する．ソーシャルファームの新しい展開として柴田の「社会的連帯経済」導入のコミュニティ・ビジネスの手法が必要とされる．マルチ・ステークホルダー・ガバナンス主導の実施体が，地域支援の展開をなすことにこそ，地域共生社会の構築理念の本質があると考えられる．これはステークホルダーの構成やあり方を社会問題の実態的解決へとつなげる方向性を示すものである．

2章 先行研究の概要と課題

1. 幸せを科学するワークエンゲイジメント

（1） 障害者のワークエンゲイジメント研究

　地域で起こる社会問題は，多様化し，さらには複雑化してきているために問題解決には至らないケースもある．それらは，市民住民のコミュニティ社会に何かが欠けていることに起因するのではないか．その一因に感情の変容からの失意がある．その不足に対するネガティブな言動が情動感染し，その環境や人間関係に水を差す負のスパイラルを起動させることは少なくない．ディーセント・ワークという概念が根付き，労働者の人権が保障されている欧州の国家で育まれたワークエンゲイジメントの指標を扱う上で配慮すべきことは，いまだ精神論が残る日本社会の中で，障害のある人，生きづらさを抱える人びとに対する自発的強制力の醸成である．また，自信の持ち方に支援が必要な人にありがちな承認願望にも配慮されたい．自身の言動は主従であるはずが，自発的従属に変わり，頑張ることの強要につながりやすいためである．

　ワークエンゲイジメントの指標は，日本経済を担う企業の資質を展望する有意義な指針として活用が始まっている．働くことは免除されていたかのような体制であった障害者の雇用・就労に「労働」という概念がなじむまでは，それ相応の配慮が必要と考えられる．

　この課題について，個の内面を改革することで問題解決に向かうということが考えられる．ネガティブをポジティブに転換し，働きがいや生きがいを生み出すワークエンゲイジメントの理想を検証し，働く障害者の就労支援につなげる必要

がある.

　現行のワークエンゲイジメント指標は，ほとんどは一般健常者を対象とする研究内容である．本研究はそれを障害者のワークエンゲイジメント研究に用いようとするもので，障害者の意識や認識を測ることは難易度が高く，その尺度が少ないことは知られている．障害者は，自己の意思決定や判断行為は消極的で，他を察することも苦手である．その主観を測るワークエンゲイジメントの指標を適応させるには，相当の工夫が必要なことは言うまでもない．そもそも個の主観を見い出すワークエンゲイジメント研究ではあるが，本研究では，難易度の高い障害者の主観を測定し，分析の成果を見い出すことに独自性を位置付けているため，あえて「主観」を強調した用語使いをしている.

　ワークエンゲイジメントには，いろいろな考え方や定義があるが，今日主流になっている考え方は，シャウフェリ教授（ユトレヒト大学）によって提唱されてから20年，島津明人教授らによって本邦に紹介されてから15年が経過しようとしている．この間，ワークエンゲイジメントに関する研究は大きく進展し，またワークエンゲイジメントの考え方が産業保健の現場で広く知られるようになった．心理学や産業保健心理学では2000年前後から，人間に有する強みやパフォーマンスなどポジティブな要因に注目する動きが出始めた．このような動きの中で新しく提唱された概念の1つが，ワークエンゲイジメントである（川上2019）.

　ワークエンゲイジメントとは「仕事に誇りややりがいを感じている」（熱意），「仕事に熱心に取り組んでいる」（没頭），「仕事から活力を得ていきいきとしている」（活力）の3つがそろった状態であり，バーンアウト（燃え尽き）の対概念として位置づけられている．バーンアウトした従業員は，疲弊し仕事への熱意が低下しているのに対して，ワークエンゲイジメントの高い従業員は，心身の健康が良好で，生産性も高いことがわかっている.

　ワークエンゲイジメントと関連する概念（バーンアウト，ワーカホリズム）との相対する領域関係を示す．ワーカホリズムとバーンアウトだが，縦軸の「活動水準」と横軸の「仕事への態度・認知」との2つの軸によって位置づけられている．ワークエンゲイジメントは，活動水準が高く仕事への態度・認知が肯定的であるのに対して，バーンアウトは，活動水準が低く仕事への態度・認知が否定

的であることがわかる．また，「過度に一生懸命に脅迫的に働く傾向」を意味するワーカホリズムは，活動水準は高いものの仕事への態度が否定的である点で，ワークエンゲイジメントと異なることがわかる．両者の相違は，仕事に対する（内発的な）動機づけの相違によっても説明することができる．すなわち，ワークエンゲイジメントは「仕事が楽しい」「I want to work」という認知によって説明されるのに対して，ワーカホリズムは「仕事から離れたときの罪悪感や不安を回避するために仕事をせざるを得ない」「I have to work」という認知によって説明される．

　　ワークエンゲイジメントは健康増進と生産性向上の双方につながる鍵概念として，産業保健と経営をつなぐ役割を果たしている．その鍵となるのが，仕事の資源と個人の資源である．これまでの理論研究では，それぞれの資源が充実するほどワークエンゲイジメントが高まり，その結果，健康や生産性の向上につながることが示されている（島津 2014）．

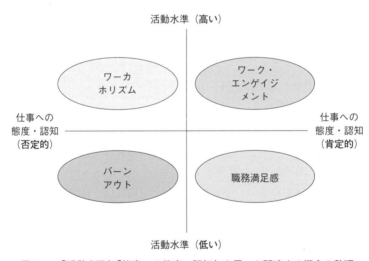

図 2-1　「活動水準」「仕事への態度・認知」を用いた関連する概念の整理

出典：令和元年 9 月厚生労働省『令和元年版 労働経済の分析』人手不足の下での「働き方」をめぐる
課題について（分割版）第 3 章「働きがい」をもって働くことのできる環境の実現に向けて

（2）　ワークエンゲイジメントのアウトカム

　ワークエンゲイジメントのアウトカム（結果要因）としては，心身の健康，仕事や組織に対するポジティブな態度，仕事の生産性との関連が考えられている．ワークエンゲイジメントとアウトカムとの関連では，心身の健康，コミットメント，離職の意思，生産性の相関を有していることが報告されている．このうち，心身の健康との関連を検討した実証研究に関しては，ワークエンゲイジメントの高い従業員は，抑うつや不安が低く，心臓の自律神経活動が良好で，睡眠の質が良く，炎症反応のリスクが低いとされている．心理的苦痛や身体愁訴が少ない．仕事の生産性との関連を検討した実証研究では，ワークエンゲイジメントが高いほど，自己啓発学習への動機づけが高く，創造的な行動を多く行い，役割行動や役割以外の行動を積極的に行うほか，部下への適切なリーダーシップ行動が多いとされている．

（3）　ワークエンゲイジメントが求められる理由

　経営者は労働者がいきいきと働き，生産性や創造性を発揮することを理想像としていて，労働者も「いきいき働ける」ようにする環境づくりが経営者のなすべき責任であると考えている．労働者が「いきいき」働く様子は，ワークエンゲイジメントそのものであり，経営者と労働者（就労する障害者）がともに求める職場のありようを実現するためには，難易度の高い障害者の主観を測定し，分析の結果を見出すワークエンゲイジメントに基づいた取り組みが重要になる．

　島津（2019）はワークエンゲイジメントに関する実証研究において，これまで産業保健心理学を基盤として展開されてきたとしている．これらの実証研究では，質問紙調査による回答者の自己申告により，ワークエンゲイジメントとそのアウトカムである健康や生産性が評価されてきた．しかしながら，ワークエンゲイジメントと経済指標などの客観的なアウトカムとの関連を検証した研究は，ごくわずかしかない．つまり，熱意をもっていきいきと働くことが，どのような経済的インパクトにつながるのかについては，今後の課題となり，産業保健心理学と労働経済学との連携が必要である．わが国では，働き方改革や健康経営に注目が集まっており，健康増進と生産性向上の両立につながる鍵概念として，ワークエンゲイジメントはますます注目を集め，科学的根拠に基づいた実践活動が行わ

れ，それらの実践活動が科学的に検証されることで，研究と実践との橋渡しが促進されることを期待していると述べている．

つまり，産業保健心理学は労働者の健康と安全を守り，労働生活の質の向上に心理学の知見を適用することを目的とした心理学の応用領域であって，精神的・身体的不健康やストレスなどネガティブな要因の研究内容がほとんどであった．

後に，ポジティブ感情が「ストレスの打ち消し効果」を持っていることが紹介され，2000年前後には人間の有する強みやパフォーマンスなどポジティブな要因にも注目する動きが，心理学および産業保健心理学の領域に出始めることになった．このような動きの中で新しく提唱された概念の一つがワークエンゲイジメントといえる．

（4） ポジティブ心理学とワークエンゲイジメント

そうしたワークエンゲイジメントに関する先行研究には，幸せを科学するポジティブ心理学の発想にもとづくワークエンゲイジメント研究がある．ポジティブ心理学の研究には，以下の3つのポイントがある（マーティン・セリグマン 2014）．

1. 「幸せ」について5つの要素を定義している．
2. ポジティブ心理学は，個々人の「強み」に注目する．
3. ポジティブ心理学は，「ネガティブ」の存在を否定するものではない．

（4）-1　ポジティブ心理学の本質である，「幸せ」に必要な5つの要素とは

ポジティブ心理学の創設者であるマーティン・セリグマン教授（ペンシルベニア大学）は，ポジティブ心理学が扱う「幸せ」は，本来の「幸せ」は1つの尺度で定義できるものではなく，5つの要素で構成されると言っている．それは，ポジティブ感情・エンゲイジメント・関係性・意味と意義・達成，この5要素である．また，以下のように説明している．

①　ポジティブ感情とは

ポジティブ心理学において，「ポジティブ感情」の測定要素として使われるのは，「興味のある」「興奮した」「強気な」「熱狂した」「誇らしい」「機敏な」「やる気がわいた」「決心した」「注意深い」「活気のある」の10項目である．

② エンゲイジメントとは

Engagement「約束」の意味，ここでの Engagement はある活動に対して自ら主観的に関わり，それ自体を楽しみ，活力・熱意・没頭を表している．仕事の場面に特化したエンゲイジメントである「ワークエンゲイジメント」について，世界的な規模で研究が進められている．

③ 関係性とは

人は他者との関わりなしに一人では生きていけないと定義され，私たちの幸せは他者の存在に大きく左右される．他者とのつながり，他者からの励まし，そしてそういう他者が自分の近くにいてくれることが，いきいきと生きるためには欠かせないものとなる．

④ 意味や意義とは

私たちの行動には，何らかの意味やそれを行う目的がある．ポジティブ心理学では，「意味」が単に自分のためだけではなく，誰か他の人のため，社会のため，世界のためなど自分よりも大きなものにつながるとき，そこから得られる幸せは最良のものとなる．

⑤ 達成とは

目前問題に対して，自力で乗り越える．そして自分の取った行動が望ましい結果を生む，と感じる（認知する）こと，いわば自信を持つことである．重要なのは，継続的に達成感を味わうことである．継続の秘訣は3つある．①すぐに達成できる小さな目標と，中長期的な目標を設定すること．②毎日の小さな変化を成長と捉えること．③仕事を評価してくれる他者の存在があること．

（4）-2　ポジティブ心理学の「強み」

人間における最も優れた部分を促進すること，自分の「強み」を活かそうと意識することが重要となる．

① 具体的な「強み」

欠点や短所を挙げられて，いやいや改善に努めるより，強みや長所に気づいて自ら発揮する．従来の心理学は，うつ病などの精神疾患の治療を念頭に，いわば「マイナスをゼロ」にすることを専らの研究にしている．一方，ポジティブ心理学は，マイナスからゼロだけではなく，「ゼロからプラス」「プラスからプラス

アップ」に，人びとの幸せ度を段階的に向上させることを研究している．

　②　なぜポジティブ心理学が必要か

　個人がそれぞれの強みを発揮させ，互いに連携することが，課題である「ダイバーシティ推進」につながる．互いの強みを発揮し，弱みを補い合うことでお互いの最善のパフォーマンスを出す．これが今日求められるダイバーシティ推進の真髄であり，このように互いの「強み」をどう活かし合うか，といった点についても研究がなされている．

（4）-3　ポジティブ心理学の「ネガティブ」

　ポジティブ感情は，ネガティブ感情による生理的影響を解消する．「ネガティブ感情」はむしろ私たちが生きていくために不可欠なものであり，それを正しく認識してコントロールするかが大切である．「ポジティブ」と「ネガティブ」のバランスが重要としている．

　①　「ネガティブ」感情とは

　元気がなく消極的で自分や周りのことに否定的な感情で広い意味での保身であり，自分の地位・名誉・安全などを守ろうとすることである．

　②　ネガティブを活かす

　「ポジティブ」と「ネガティブ」の感情には役割があり，車で例えるとポジティブ感情はアクセル，ネガティブ感情はブレーキ．ネガティブ感情の役割は，自らの活動のオプションを減らし，思考や行動を制御する．恐怖を感じると逃げる，怒りを感じると攻撃的になるように，ピンチの信号としての役割があり，適応力や洞察力を高めてくれる．（前野 2017，セリグマン 2014，ピーターソン 2012）．

（5）　ワークエンゲイジメント測定と理解の補完

　ワークエンゲイジメントの測定に関して，これまでの信頼性，妥当性の確認されている尺度は 3 種類ある．その中で，最も広く使用されているのが，ユトレヒト・ワークエンゲイジメント尺度（Utrecht Work Engagement Scale：UWES）である．UWES は，オランダ・ユトレヒト大学のシャウフェリらによって開発された尺度であり，彼らが想定している 3 つの下位因子（活力，熱意，没頭）を17 項目で測定することができる．これまでに，オランダ，スペイン，日本をは

じめとして 23 ヶ国で標準化または使用されている．いずれの言語においても，良好な信頼性・妥当性が確認されている．ただし，因子間の相関が高いことも指摘されており，UWES の各尺度を説明変数とした重回帰分析などでは多重共線性に注意する必要がある．また，日本とドイツでは，想定した 3 因子が抽出されなかったことが指摘されている．UWES には，各因子を 3 項目ずつ合計 9 項目によって測定できる短縮版と，各因子を 1 項目ずつ合計 3 項目によって測定できる超短縮版も開発されている．

　UWES 短縮版の得点を日本を含む 16 ヶ国で国際比較した研究では，日本人労働者の得点が他の 15 ヶ国の労働者の得点に比べて，特異的に低いとされている．島津らはこれらの結果について，日本人ではポジティブな感情や態度の表出を抑制することが社会的に望ましいとされているのに対して，欧米では積極的に表出することが望ましいとされていることが，その理由にあると述べている．つまり，集団の調和を重視する日本では，ポジティブな感情や態度を表出することが集団の調和を乱すと考えられるため，所属する集団に適応する手段として，ポジティブな感情や態度の表出を抑制するのではないかと考えられている．

　なお，学術研究で用いられている UWES-17 項目は仕事に関する調査（UWES）と題して，次のような質問から仕事に関してどのように感じているかの自記式調査を基本としている．

　①仕事をしていると，活力がみなぎるように感じる（活力 1）

　②自分の仕事に，意義や価値を大いに感じる（熱意 1）

　③仕事をしていると，時間がたつのが速い（没頭 1）

　④職場では，元気が出て精力的になるように感じる（活力 2）

　⑤仕事に熱心である（熱意 2）

　⑥仕事をしていると，他のことはすべて忘れてしまう（没頭 2）

　⑦仕事は，私に活力を与えてくれる（熱意 3）

　⑧朝に目がさめると，さあ仕事へ行こう，という気持ちになる（活力 3）

　⑨仕事に没頭しているとき，幸せだと感じる（没頭 3）

　⑩自分の仕事に誇りを感じる（熱意 4）

　⑪私は仕事にのめり込んでいる（没頭 4）

　⑫長時間休まず，働き続けることができる（活力 4）

⑬私にとって仕事は，意欲をかきたてるものである（熱意5）

⑭仕事をしていると，つい夢中になってしまう（没頭5）

⑮職場では，気持ちがはつらつとしている（活力5）

⑯仕事から頭を切り離すのが難しい（没頭6）

⑰ことがうまく運んでいないときでも，辛抱強く仕事をする（活力6）

　数値化には，そのように感じたことが一度もない場合は，0（ゼロ）として，感じたことがある場合はその頻度に当てはまる数字（1から6）で答える．「ほとんど感じない，1年に数回以下を1.」「めったに感じない，1ヶ月に1回以下を2.」「時々感じる，1ヶ月に数回を3.」「よく感じる，1週間に1回を4.」「とてもよく感じる，1週間に1回を5.」「いつも感じる，毎日を6.」として，質問紙の左側の下線部に記入するようになっている．

　ユトレヒト・ワークエンゲイジメント尺度UWES（資料1参照）の作成者のSchaufeli, W.Bと多国間共同研究として，日本人データベースの集積を島津が担当している．営利目的ではなく学術研究が目的の場合には自由に使用できる．ワークエンゲイジメントの向上を目的とした実践活動やその効果を科学的に検証した研究はいまだ限定的であり，データ収集の協力を望む意向が表記されている．

　筆者は障害者の就労および働く場に研究のフィールドを考えていることから，価値ある分野として，いまだ少ない障害者のワークエンゲイジメントに焦点をあてることを考えた．

　ワークエンゲイジメントはポジティブ心理学からの発想から始まり，ワークエンゲイジメントにかかる心身の健康との関連の研究，仕事の生産性との関連の研究，国民総生産との関連の研究に至る国際的発展を示してきた．しかしながら，筆者が行おうとしている労働人口を増す施策により推進されている働く障害者の就労支援に焦点を当て，研究されているものは少ない．障害者雇用は基本的に一般企業で進められるものとされているが，推進の一翼となる新たな就労形態の構築をめざし，障害者のワークエンゲイジメントを調査研究する考えに至ったのである．

（6） 障害者向け主観的幸福度測定に関する先行研究

　飯塚ら（2019）は「障がい者就労における離職の改善効果を確認できる幸福度測定法の開発」の論考で，障害者の離職という課題を掲げ，福岡県の知的障害者を雇用する事業所において，調査研究の過程をガイドライン化する興味深い領域で成果を挙げている．

　研究の目的は，就労している知的障害者から可能な限り正しい主観的幸福度測定データが得られる手法を開発し，幸福度測定法のガイドラインとして測定基準や配慮措置の有効性を分析することで環福連携を促す知見の提示をめざすものであるとしている．幸福度測定法のガイドライン（配慮事項）では，就労している知的障害者の幸福度測定法のガイドラインとして，①事前説明会，②事前質問票記入，③環境の配慮，④技術的な配慮，という4つの配慮事項を設定している．また，その配慮事項の先行研究や前提条件も設定する．

　環境の配慮では，誘導や反応バイアスなど防ぐ重要なことは，本人の理解を適正に把握し，本人の考えや意見を一つひとつ確認すること．技術的な配慮（文字バージョン）では，誘導や黙従傾向などのバイアスを防ぐための技術的な道具や手段を提供すること．技術的配慮（人生満足尺度／文字バージョン）では，Diener の人生満足尺度は人生満足という抽象的な概念なので，簡素な語彙によるわかりやすい表現に修正すること．同じく（人生満足尺度／イラストバージョン）では，質問内容に類似するイラストを活用すること．以上の配慮の下，1枚の質問票につき掲載する質問数は3問とし，一度に接触する情報量を抑えることで回答しやすさをめざすと述べている．

　飯塚（2019）の知的障害者に焦点を当てた研究は，知的障害者が質問・返答の理解と表出に関する能力に視点を置いた配慮技術となっている．

　筆者の工夫では，企業で健常者とともに働く障害者がテーマのため，知的障害だけでなく測定可能対象者の最大化をめざす身体・知的・精神などの3障害対象に共通した質問紙票の作成に努め，わかりやすくするために〈ふりがなイラスト付き〉をオリジナルで作成し，技術的配慮とした[3]．

注3）　質問意図をわかりやすくするために，イメージキャラクターのイラスト選択は，筆者が従事する職場で働く3障害のある当事者10余名によって選出した．

飯塚（2019）のガイドラインとしての測定基準を準用し，満足度の上位概念である ウェルビーイングを，仕事に関連づけたワークエンゲイジメントの指標に基づき，ワークエンゲイジメント尺度（UWES）を用いた測定を行うことにした．

（7） 障害者の「わかりやすさ」理解の補完に関する先行研究

川上（2019）の知的障害などのある労働者のストレスチェック制度実施に関する運用マニュアルでは，知的障害等のある労働者が多い職場において，彼らのそばにサポートできる人を配置することが望ましい．彼らが理解しやすい工夫として絵や図などを使って説明する．個別に部屋を用意したり，ゆっくりと回答できる時間の設定をする．質問の意味がわからない場合には，支援者は回答を見たり回答を誘導することをしないようにする．回答を見ることのできる者は実施者のみになるので注意することとしている．

知的障害などのある労働者には，漢字が苦手な人が多いので，質問文にふりがなを振るだけでもわかりやすくなる．また，彼らには，なるべく具体的に質問をすると理解しやすいので，質問文に対応する挿絵を用いることも役立つとある．アンケートに用いた質問紙票〈ふりがなイラスト付き〉は，2種類の質問紙票に分類され，「挿絵とふりがなを振った4択の質問票」と，「挿絵とふりがなを振った2択の質問票」である．

しかしながら筆者が目標とする到達点は，企業で健常者とともに働く障害者にあるため，質問の意図や返答方法の理解および表出が伴うことが求められる．よって3障害を対象とした 質問紙票の作成を取り入れる．事業所での経験による判定で選出された対象者に1枚の挿絵から質問の意図理解が進むよう期待を込めたイラストと質問のすべてにふりがなを付けた技術的配慮で実施するもので，わかりやすい質問紙票の作成に努めた．

本研究は島津らのワークエンゲイジメント研究についての理解に基づき，特定の対象，出来事，個人，行動などに向けられた「一時的な行動」ではなく，仕事に向けられた「持続的かつ全般的な感情と認知」によって特徴づけられる．こうしたことから，ワークエンゲイジメントは，「個人」と「仕事全般」との関係性を示す概念と定義することができる．個人の中で日々の時間の経過とともに，一時的な経験として変動していく面もあるが，基本的には持続から安定的な状態を

捉える概念と認識される.

　島津らのワークエンゲイジメント研究は, 一般企業や組織に所属する健常者を対象にしている. 高齢者に関しては研究途上であり, 障害者を対象とする研究は着手されてないに等しいと述べている.

　日本および世界のワークエンゲイジメント研究（UWES）には, 豊富な検証データとエビデンスに基づいているため, 就業・就労する障害者の「働く場」,「仕事」について主観的認識をデータ化することで, 障害者に対するワークエンゲイジメント尺度の有効性を検証することができる. また, 産業心理学の発想で, フィールド研究がなされていることから, ワーク能力を向上させるトレーニングの有効性やソーシャルスキルトレーニングに加え, 職業リハビリテーション領域からのアプローチも可能である. カウンセリング・コーチング, 職能トレーニングの効果がワークショップのポジティブコミュニケーションの有効性検証に期待できると考えた.

　筆者が本研究によせる初志は, こうした多くの研究者らの成果であるポジティブコミュニケーションの有効性と影響力を受けとめて, 地域共生社会の構築の観点から, 障害者の就業・就労に関する「働く場」の創出研究に焦点を置き, ワークエンゲイジメント研究における障害者の生産性向上支援ツール, 意識創造支援ツールとして役立てたいと考えるものである.

2. 農から学ぶ伝統的コーチングアプローチ

　障害者の就業・就労に関する「働く場」の創出の一つに, 政府が定めた「ニッポン一億総活躍プラン」（2016 年 6 月閣議決定）がある. これに社会的に弱い立場の人びとが最大限活躍できるような環境整備の一環として「農福連携の推進」が盛り込まれた.「農業分野」と「福祉分野」が一体となって行われる, 農業と福祉の融合「農福連携」が注目されるようになった. 障害者や高齢者, 生活困窮者の働き口を創出できるとともに, 農業分野では高齢化による後継者・働き手不足の問題解決, 障害福祉分野では障害者の職業生活の改善が図れると期待された.

　第 1 節では, ワークエンゲイジメント研究に基づく理解について述べてきた.

ここでは，障害者等の農業分野での活躍を通じて自信や生きがいを創出し，社会参画を促す取り組みの中で「農業・農村コミュニティ」における模範となる方法を，障害者のワークショップのポジティブコミュニケーションの有効性に位置付けられるコーチングの研究として取り上げる.

　普及指導員と農村コミュニティへの社会心理的アプローチとして，普及指導員の仕事に関心をもち，コーチングという新しい解釈で判定するのではなく，営農に培われたスキルや蓄積された規範など，日本の伝統ある農業に対し，敬意をもった研究スタイルで一貫したものである. あえてコーチングという用語の表現はないまま，普及指導員と農業従事者の間に存在する対話，コミュニケーション技術を社会心理学的アプローチのサイドから，農のコーチング技法をあぶり出した内田らの研究がある.

　障害者の雇用・就労の場に求められる双方向のコーチング技術は，新しい気づきをもたらし，視点や考え方，行動の選択肢を増す. 目標達成に必要な行動を促進するセルフマネジメントのためのコミュニケーション能力が必要とされる.

　福祉分野に農作業を導入し農福連携の事業を行う場合，農作業の指導を受けるには，近隣の農業経験者に依頼するか，都道府県の普及指導センターや市町村の農業担当係に相談するのが恒例である. その普及指導センターは，農業技術経営に関する支援を直接農業者に接し行う普及事業である協同農業普及事業において，農林水産省や各都道府県の試験研究機関，農業大学校，都道府県主務課と連携して試験研究機関で開発された技術等について，地域での実証マニュアル作成，講習会の開催等の活動を通じて地域農業の技術革新等の支援を行う組織である. 構成を担う普及指導員は，普及指導員国家試験を経て認定された都道府県の職員で，2019 年 4 月現在，6,102 人の普及指導員が都道府県によって名称が異なる. 普及指導センター，普及所，普及課など全国 361 ヶ所の拠点に所属し，農業者の高度化，多様化する技術ニーズに対応するため，1948 年に事業が導入されて以来 60 年以上にわたる普及活動を通じて，日本の農村社会において固有の役割を果たしてきたと考えられている.

　本稿において，普及指導員をなぜ取り上げたのか. 普及指導員と農村コミュニティへの社会心理学的アプローチとして，2 人の心理学者が「農業をつなぐ」という普及指導員の仕事に関心をもち，多くの普及指導員のもとで大規模な調査を

行い，心理学の視点から「普及指導員と農業者との絆」について考え，心理学の視点と方法を用いて普及指導員の仕事を検証し，調査結果を分析，考察した研究を著作にした内田由紀子・竹村幸祐の『農をつなぐ仕事』(2012) がある．

この研究は，心理学臨床技術を身につけていない普及指導員が，農業者と取り巻く環境の関係性がどのようなものか，裏付けられたコミュニティとの「つながり」，スペシャリスト機能とコーディネート機能，「つなぐ」仕事のワザとコミュニケーション能力など，農と心理学の出逢いが記述されている．

これは，障害者の雇用・就労の場において，就労支援者が行う援助技術にコーチングという就労支援技術が存在するが，その裏打ちとして反映される．そのような観点から，社会福祉分野とは離れた研究事例ではあるが，あえて取り上げたものである．

近年の心理学を含む社会科学の研究分野において，「つながり」は社会関係資本（ソーシャル・キャピタル）と捉えられ，その機能に注目が集まっている．血縁，地縁のみならず，より広いつきあいに縁を感じて，相互協力を行い農の営みを原点とする農村コミュニティにおける「つながり」が，実際はどのように形成・維持されているのか，そのメカニズムについては明らかではないと内田らは指摘した．

コーチングは，教えてアドバイスすることではなく，問いかけて聞くという対話を通して，相手自身からさまざまな考え方や行動の選択肢を引き出す．自発的な気づきを与え，潜在能力の発揮を最大限に促す．コミュニケーションを通じてコーチングを受ける対象者が，目標達成に必要なスキル・知識・考え方を備え，行動することを支援し成果を出させる個人対応のプロセスを示す．

障害者の雇用・就労の場に求められる双方向のコーチング技術は，新しい気づきをもたらし，視点や考え方，行動の選択肢を増す．目標達成に必要な行動を促進するセルフマネジメントするコミュニケーション能力が必要とされる．

内田らの『農をつなぐ仕事』に述べられた普及指導員の仕事は多岐にわたり，大分類すれば①知識・技術の浸透，②関係機関・団体の連携強化，③調査・実証研究の 3 つの役割にまとめられている．また，「協同農業普及事業の運営に関する指針」(2010 年) の農林水産省第 590 号には，普及指導員が，スペシャリスト機能とコーディネート機能の双方の機能を併せ持つと明記されている．スペシャ

リスト機能とは，農業者に対し地域の特性に応じて農業に関する高度な技術および当該技術に関する知識（経営に関するものを含む）の普及指導を行う機能とされる．要するに，農業に関する技術的側面・知識的側面でのサポートである．一方，コーディネート機能とは，地域農業について，先導的な役割を担う農業者および地域内外の関係機関との連携の下，関係者による将来展望の共有，課題の明確化，課題に対するための方策の策定および実施等を支援する機能とされている．これは，いわば農村コミュニティの社会関係資本を支えるためのサポートである．すなわち，普及指導員に技術指導だけではなく，関係機関との連携やコミュニティ内外の協同を促進するコーディネーターとして機能することも含まれていると述べている．言うなれば，普及指導員の仕事であるスペシャリスト機能の側面的サポートは，障害者雇用・就労の合理的配慮に基づくコミュニケーションを通して，目標達成に必要なスキル・知識・考え方を備え，行動することを支援し成果を出させる個別対応のプロセスであるコーチングの方法に類似している．また，コーディネート機能においても，障害福祉分野での障害者雇用・就労の働く場やその環境や資源に対する援助技術であるマネジメントそのものである．これは，普及指導員の農業者に対するコーチング型マネジメントと言い替えても，過言ではなかろう．しかしながら，内田らの『農をつなぐ仕事』には，コーチングというワードで著した記述はなく，農業分野に主体を置き，敬意や配慮がされて逸脱するものはなく，あくまでも普及指導員の農をつなぐ仕事内容を紹介し，そのメカニズムの解明に社会心理学的アプローチで介入したものであり，コーチングの観点からの言及はなかった．

コーチングのスキルには，傾聴・質問・評価（承認）の３つの原則があり，話をていねいに聞いて適切な質問をする．そして，相手方を認め，何がよかったのかがわかるようにほめる．相手の能力や可能性を最大限に引き出し，行動を促し，結果をつくり出す支援が要求される．

内田らの研究対象である普及指導員のスキルには，知識や経験，やり方などを農業者に教えるというティーチングの行為を記述の中にうかがうことができる．

しかし，農業者が教えられたことを確実に実施するだけでは，気象，病虫害，土壌をはじめとする作付けや，環境などの変化に対応することができない．普及指導員が指導するだけでは，農業者の農業技術の修得に限界がくるとされてい

る．現在の普及指導員活動の主流となっている，知識ややり方を教えるだけでなく，未知・未熟であっても，仕事内容をその環境に合わせて自ら対応や答えを考え，自ら行動できる農業者が期待される．やり方を教えるティーチングから，やり方を生み出すコーチングへの変化である．

コーチングとファシリテーションでは，どちらも自律的な問題解決を促すという点で共通している．異なるのは，農業者間で行うコーチング，農業者が仲間に対して行うファシリテーションという点である．ファシリテーションでは，相対する意向，相違点の打開で他者理解，相互理解を高め，対話力・合意形成力を促進する．また，普及指導員と農業者の関係性は，先生と生徒との関係でなく，表面的な話し合いでもなく，成果につながる具体的な合意的結果をめざす取り組みで，相互の信頼関係の上に構築されるパートナーシップである．

これは，普及指導員と農業者のどちらか先に言い出したほうの期待に合意することではない．お互いの期待を伝え合い，さらにその取り組みに自らの期待を重ね共有し，お互いに合意することが必須であることがうかがえる．上下の関係では難しく，フラットに話し合える相互関係の構築と主体的な行動が重要となるのである．

筆者の私見によるものではあるが，これらの普及指導員活動は，日本の伝統かつ厳粛な伝承技術である農業のあり方と伴走するものであって，内田らの心理学研究の観点において，あえて，心理学臨床の技術や療法のスキルになぞった表現をせず，農を尊重した一線を超えないアプローチとして，農業分野にとどまる用語使いとなっていることに気づく．

このことは，内田らの研究が農と心理学のはじめての出遇いということだけでなく，日本文化の成り立ちに，大きく貢献した農業に敬意を表した計らいであったようにも考えられる．ゆえに，コーチングという新しい解釈で判定するのではなく，そのスキルや規範も使用しない心理学的アプローチと題しているものと考える．そうした，農をつなぐ仕事をする普及指導員のコーチングスキルの事例である，と捉えられる．

いささか本稿の課題から離れるが，内田らの記述の中に，つなぐ仕事のワザには尊敬される普及員に学べとある．このことは，全国調査データ「尊敬される普及指導員」の特徴からみると，この認識がデータに表れている．特徴のトップ５

には，1位は「説得力のある言葉や行動を通して，相手に納得される，コーディネート機能を持つ人」，2位は「知識や技術を実際に活かす，スペシャリスト機能を持つ人」，3位は「農業者の視点に立ち，相手の心を理解しようとする人」，4位は「熱意や情熱を持って人に接している人や，人としてのコミュニケーション力と他者志向性を有する人」が挙げられている．しかも，この「尊敬する普及指導員の特徴」は地方ブロックでの調査と全国調査でほぼ同じパターンを示した．つまり，地域特性にかかわらず，ロールモデルとなる普及指導員像が共有されていると考えられる．また，他業種との比較検討からも，他者志向性，チームワーク，視野の広さが普及指導員の特徴であることが明らかにされたことを示唆している．

ロールモデルの要素には，模倣・同一化があるが，普及指導員のつなぐ仕事のワザには，若手普及指導員が尊敬する対象，理想的な目標としてイメージする先輩普及指導員から，見よう見まねで学びながらワザを獲得するロールモデルの存在が確認できる．

このことは，他業種であっても，ロールモデルの存在があり，障害者雇用・就労の働く場においても，その関係性は職場仲間，障害者と健常者，障害者と職業指導員との間にも発生し存在する．障害者の就労支援に重要とされるコーチング技法にとどまらず，ロールモデルの存在と継承も必要と考えられることから付記しておくことにする．

3章 ソーシャルファームにおける障害者支援

1. ソーシャルファームとA型事業所の取り組み

　人は社会へ一歩踏み出す前に，家庭教育，学校教育，社会教育に育まれ，人格や教養を身につける．障害者の過程も同様に学校教育に代わる特別支援教育を受ける．その特別支援教育の修了者は，進路は分れるものの，やがて社会の一員として就労就業の場に身を置くことができるようになってきている．

　一般企業に就業する者．一般就労をめざし，就労移行支援や就労継続支援で就労支援を受ける者．一般企業で働くことが不安あるいは困難で就労訓練を受ける者．他に，これらの機会に恵まれず，働くことができない障害者もいる．働く障害者に第3の職場として位置付けた新たな就労形態の企業を炭谷は示している．

　炭谷（2012）によれば，日本において解決されない多くの社会問題の増加がみられ，次々に新しい問題が発生している．これらの背景にある要素の着目から，ソーシャル・インクルージョン（社会的包摂）の理念の重要性を踏まえ，日本でも政策が推進されている．ソーシャル・インクルージョンを具体化させるには，具体的な事業が必要で，その仕事が重要になる．それには，仕事の意義，働く場の状況，第3の職場が必要とされる．それは，公的職場，一般企業のハイブリットに例えて，第3の職場である社会的企業を掲げ，社会的な使命，ビジネス的な手法，生きがいのある仕事，住民参加が重要な要素となる．その一つのソーシャルファームを生涯の働く場として，次の職場への中間施設として位置づけている．ソーシャルファーム展開を未来の日本におけるベンチャービジネスへの発展と期待を担う分野に進出でき，そして，競争に勝てる成長産業として，社会的意

義は大きいと指摘している.

　そのソーシャルファームの成り立ちを示す吉崎・森田（2011）によるソーシャルファームとは，障害者の就労という課題に取り組んできたヨーロッパが生み出した，障害者と非障害者がともに働き，市場原理に基づいた社会的包摂に結ぶ事業を行う企業体である．ソーシャルファームの事業所は，就労，就労継続を中心として担当する．リハビリ事業所は，初期リハビリテーション，継続リハビリテーションを担当する．職業能力教育事業所は，基礎教育，専門教育Ⅰを担当する．ソーシャルファーム実習会社は，専門教育Ⅱ，職場実習を担当する．それぞれの機会と社会的システムを連携して構築し，誰もがソーシャルファームに取り組める支援体制を創生したものである.

　ソーシャルファームとは何かであるが，ヨーロッパで最初に障害者雇用企業を創設したのはイタリアである．コーポラティーバ（協同組合）による取り組みは，その後の各国に影響を与え，ドイツでも1970年代の終わり頃から統合事業／企業の取り組みが始まった．1980年代には，精神障害者の生き方として，自分で暮らして生きていく自立生活の実現をめざし，一生を病院で送る人生からの転換を図り，自立生活を実現すること，誰かのために役立つことであった．「働きたい」という熱望は人間の本質に関わることであり，働く機会を創るための活動は現在も続けられている.

　さらには，ソーシャルファームの推進を担うドイツの「FAF：仕事と会社設立へのコンサルティング協会」がある．FAFは，主に福祉分野の事業や経営に疎い人たちに，事業設立と運営のコンサルティングを行い，資金繰りから仕入れまでをも支援し，ソーシャルファームを誕生させ，さらにその連合を設立し，経営問題を解決する共同体として機能させている．また，行政および議会へのロビー活動を長年にわたって展開している．ドイツでの取り組みと実績はヨーロッパの他の国に大きく影響し，1990年代にはヨーロッパで共同体としてソーシャルファームの取り組みが行われている．ソーシャルファームの原則は，以下の4点である.

　①　25〜50%の従業員が障害者であること.
　②　通常業務の契約がされること.
　③　標準的賃金であること.
　④　ソーシャルファームの売り上げの60〜90%が，一般市場からであること.

　現状においてヨーロッパのすべての国のソーシャルファームがこの基準に適合しているわけではなく，それぞれの国の実態に応じた運用が試されている．ドイツのソーシャルファーム運営システムは，ソーシャルファームを設立したい法人・個人は，セミナーとコンサルティングを受ける．実質的にはこのコンサルティングが，ソーシャルファームとしての認可となる．

　日本の障害者就労・雇用を促進する受け手には，障害者就労移行支援事業所，就労継続支援（A・B型）事業所[4]ならびに特例子会社，一般企業および社会的企業がある．また，それぞれの役割，配分や仕組みについて支援，促進する国，県，独立法人のサポートがある．これらを統合する取り組みは，ヨーロッパが生み出したソーシャルファームの各事業所および企業体の仕組みや取り組みを模範した形態とも認識できる．

　しかしながら，ヨーロッパのソーシャルファームにあって日本の事業所にはない相違点は，非障害者と同様の作業の場で非障害者とともに働くための創意工夫である．働く場の分離が存在する．そして，市場経済に基づく原資獲得の強調がされていない現状がある．最も似て非なるものは，ヨーロッパのソーシャルファームは社会保障の一環とした制度に担保され，活動の原資は給付によるが，日本のソーシャルファームの活動原資は企業依存度が高く，原資不足による運営の継続困難となるケースも多く，事業所数の拡大には遠く成功事例は乏しい現況となっている．

　筆者が理想とする第3の職場づくりは，一般企業のようにビジネス的な手法を用い，公的な職場と同じように社会的な目的を有している．障害者の働く場所を創り，高齢者に生きがいのある仕事場を創り，ニートや若者のために達成感のある仕事場を創る．このような社会的な目的にも応えられるディーセント・ワークに取り組み，共同体と機能体のちょうど真ん中に位置するような組織が創る

注4）　就労継続支援A型とは「一般企業に雇用されることが困難であり，雇用契約に基づく就労が可能である者に対して，雇用契約の締結等による就労の機会や生産活動の機会の提供，その他の就労に必要な知識および能力の向上のために必要な訓練・支援を行う事業所およびサービス」をいう．

　また，就労継続支援B型とは「一般企業に雇用されることが困難であり，雇用契約に基づく就労が困難である者に対して，就労の機会や生産活動の機会の提供，その他の就労に必要な知識および能力の向上のために必要な訓練・支援を行う事業所およびサービス」をいう．

働きがいのある「職場提供の場」でありたい．そして，住民がいっしょになって働く，住民参加型のソーシャル・インクルージョンの「場の創出」こそが，ソーシャルファームの展開を担う社会的企業の重要な要素と考えている．その活動原資には，制度化された給付が担保された社会保障の一環とした事業展開が必要であり，そのことが新しい就労・雇用のあり方として，地域社会の共生創出の必須条件と認識している．

ソーシャルファームを取り入れる新たな就労継続支援 A 型事業所の取り組みには，ヨーロッパで培われたソーシャルファームの伝統を取り入れながら，日本の障害者就労の適性を求める有志活動と捉えられる，全 A ネット（NPO 法人就労継続支援 A 型事業所全国協議会）の『就労継続支援 A 型事業所全国実態調査報告書』（2017 年）がある．その障害者就労継続支援 A 型事業所が取り組むソーシャルファーム型就労支援の現況に触れ，障害者の働く場の創出に関わる問題点につなげる位置付けを述べる．

全 A ネットは，全国の 3,500 の就労継続支援 A 型事業所を対象に全国調査結果を 2017 年 8 月に取りまとめた．

A 型事業所の運営方針では，「生涯就労型」447 事業所（47.5%）が最も多く，約 9 ポイント差で「一般就労移行型」365 事業所（38.7%）が続き，この 2 項目で約 86% を占める．方針としては，一般就労への移行よりもやや生涯就労のほうが多い結果となった．また「ソーシャルファーム型」は，42 事業所（4.5%）と少数ではあるが，方針としている事業の存在が確認できた．

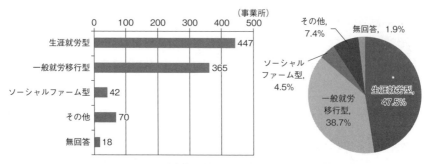

図 3-1　A 型事業の運営方針（MA・n＝942）

出典：『就労継続支援 A 型事業の課題と今後のあり方について — 就労継続支援 A 型事業所全国実態調査報告書』2017 年 8 月．
　　全 A ネット NPO 法人就労継続支援 A 型事業所全国協議会

　ソーシャルファーム型については，予備調査（2016年2月実施）では，「障害の重い人や働きづらさを抱えた人を積極的に受け入れる事業所」と定義したが，今回の調査では，「A型事業の対象とならない多様な働きづらさを抱えた者を，積極的に受け入れる事業所」と定義を変更した．予備調査では，ソーシャルファーム・ヨーロッパ（欧州諸国のソーシャルファームの共同組織）の定義に合わせたが，日本においてはソーシャルファームを本調査の定義のように捉えている者が多いと考えた．結果として，「A型事業の対象とならない者を給付費収入や補助金収入を使わず雇用している事業所」だけとなり，ソーシャルファーム型は，予備調査の8.9%から4.5%へと半減した．ソーシャルファームを志向するA型事業所全体を捉えたものとはいえないが，その中で，問題意識の高い事業所の動向を示したものと考えられる．

　これは，一般企業へ送り出すための就労体験や職場訓練および就労機会の提供など，ソーシャルファームの形態に特化した創意工夫に裏付けられた成果と考えられ，持てる力を余すことなく発揮してソーシャルファームの志向を貫く運営方針がうかがえる調査結果といえる．

2.　東京都におけるソーシャルファームのあり方

　第1章の第3節で取り上げた社会的企業の，社会的包摂策を行う組織形態やそのあり方および現状について述べた．ここでは，障害者や引きこもりだった人など働きたくても働く場所に巡り合えない人を受け入れる東京都版ソーシャルファームにおける就労支援のあり方について述べる．

　ソーシャルファームの特徴は，就労困難者，つまり働きづらさを抱えている人である障害者・高齢者・難病患者・若年性認知症者・貧困母子世帯・引きこもりからの復帰者・刑務所出所者など，障害者に限らず就労することが難しい人たちを多く雇用して，他の従業員とともに働く職場にある．もう一つの特徴は，事業収入を主な財源とする通常のビジネス手法の運営方針が，これまで日本で行われている福祉型就労と異なる点である．

　現在の日本の制度では，障害者，高齢者，ひとり親，生活困難者などの就労支援は縦割りで包括的な支援体制とは言いがたい．その壁をなくすことは，働きづ

らさを抱えている人の働く選択肢を増すことで，働く意思決定につながり，社会からの孤立予防にもなる．働く場に巡り合うことは，雇用の機会を得て単に賃金を得ることだけでなく，生きがいや働きがい，社会参加，健康づくりや人とのつながりを持つことにも貢献する．

包括的に就労支援する役割と自律的な経済活動のもと，社会的企業のあり方の一つとして，就労困難者と認められる者に対して雇用の場を拡大し自立を進めることが求められる．地域の産業および雇用に貢献することを通じて，ダイバーシティの実現を図る役割を担う社会的意義の存在がそこで認識できる．

このような就労・雇用に関する社会的課題に対応する東京都が開催した就労支援のあり方を考える有識者会議がまとめた報告書，『東京都における就労支援のあり方について』（2019 年）では，以下のように記述されている．

雇用情勢の改善が進む現在においても，働く意欲がありながら，仕事に就けていない方が少なくない．希望するすべての都民が就労し，社会の担い手として活躍できるよう，都民や事業者をより一層支援していくことが必要である．同時に，海外で展開されている「ソーシャルファーム」などの事例を都の施策に取り入れることも検討する必要がある．こうした認識下，東京都は都民の就労を応援する条例の制度に向け，都における就労支援のあり方の検討を目的として本有識者会議を設置したとある．就労に困難を抱える方への支援のあり方を中心に議論を重ねた会議の中では，「障害者への就労支援」「ソーシャルファーム」「生活困窮者への就労支援」「ひとり親への就労支援」「児童養護施設退所者への就労支援」「刑務所出所者等への就労支援」「ひきこもりの方への就労支援」などをテーマとし，議論の上，都が制定をめざしている新条例の基本理念やソーシャルファームの支援策などについても意見を交わしたとある．

（1）　就労に困難を抱える方が働くソーシャルファームについて

有識者会議においてテーマとして取り上げた海外のソーシャルファームの現状は，就労に困難を抱える方を多く受け入れる社会的企業「ソーシャルファーム」は，1970 年代にイタリアで誕生した．現在では，ドイツ，イギリス，フランスなどに広がり，ヨーロッパ全体で約 10,000 社，韓国でも約 2,000 社が存在する．ソーシャルファームが受け入れる対象者は国によって異なるが，主として障害者

など，一般の労働市場では就労が困難な方が，一般の労働者と一緒に仕事をする場を提供する組織として発展してきた．ソーシャルファームは，就労に困難を抱える方に対して就労する場を提供する一方で，一般企業と市場で競争できる優れた製品やサービスを提供している．また，就労に困難を抱える方が，他の労働者と同じ労働条件で働くことが原則となっている．ソーシャルファームに関する行政の関与の手法は国によって異なる．たとえば，ドイツ，韓国などでは，ソーシャルファームに関する法律が制定されている．また，ソーシャルファームに対する公的な支援としては，ドイツのように人件費の一部補助や設立時のコンサルティング経費の補助を行うほか，法人税等の税の優遇措置，社会保険料の減免，国や地方自治体による優先購入を行うなど，国によってさまざまな手法が採用されている．

　次に，日本における現状では，民間においてソーシャルファーム創設に向けた動きがみられる．2008 年には，日本でソーシャルファームに関する活動を行う企業等のネットワークとして「ソーシャルファームジャパン」が発足し，2014 年から「ソーシャルファームジャパンサミット」を開催するなど，日本における社会的気運の醸成や設立の推進に取り組んでいる．

（２）　就労支援における基本理念などについて

　就労困難者を，社会の一員としてともに活動しながら支え合う「ソーシャル・インクルージョン」の理念に基づき支援していく意義は大きい．当事者も含めて，人も企業もみんなが歩み寄る就労支援は，生活や人生だけでなく，地域や社会を良くしていくことにもつながる．

　「誰一人取り残さない」という SDGs[5] の理念やディーセント・ワーク（働きがいのある人間らしい仕事）などの考え方を条例の基本理念に加えていくことも考えられる．

注5）　先進国を含む国際社会全体の開発目標として，2030 年を期限とする包括的な 17 の目標（1．貧困．2．飢餓．3．保健．4．教育．5．ジェンダー．6．水・衛生．7．エネルギー．8．経済成長と雇用．9．インフラ・産業化・イノベーション．10．不平等．11．持続可能な都市．12．持続的生産と消費．13．気候変動．14．海洋資源．15．陸上資源．16．平和．17．実施手段）を設定．「誰一人取り残されない」社会の実現をめざし，経済・社会・環境をめぐる広範な課題に，統合的に取り組む．

ソーシャルファームの必要性・可能性を挙げ，従来の福祉的就労や民間企業などでの一般就労と異なる形態として，他の従業員とともに働く「ソーシャルファーム」は重要なモデルとなり得る．ソーシャルファームが創設され，その後に安定的に事業を継続していくためには，経営者や組織としての情熱，使命感，理念などに加えて，自立心，自ら製品・商品を開発し，販売ルートも開拓していくことも欠かせない．一方で，日本におけるソーシャルファームの取り組みはまだまだ初期段階であり，今後根付いていくためには，行政による一定の支援が必要と考えられる．

　ソーシャルファームの普及に向けては，日本で取り組みがまだ進んでいないソーシャルファームを広めるにあたって，行政による実効性のある取り組みが必要である．海外の事例も参考にして，ソーシャルファームへの支援策を示す計画等の策定，一定の要件を満たす事業者等の公的な認定，事業の立ち上げ期における負担軽減などに取り組むことが効果的と考えられる．また，現在の日本では，ソーシャルファームの認知度が極めて低いため，普及をめざすにあたって，認知度自体を上げていく取り組みも欠かせない．先行モデルとなるソーシャルファームの創設を促し，そこでの課題や成功の事例を共有していくことにより，ソーシャルファームの普及・創設や経営基盤の強化につながっていくものと考えられる．

　社会的起業家等の育成には，企業活動にとって，人材は最も重要な要素の一つである．ソーシャルファームの普及において，それに関わる多数の人材が育成されるように，行政として支援すべきである．ソーシャルアントレプレナーを養成するカリキュラムを持つ大学が国内にもあり，社会政策としてこうした事例を参考に，社会的起業家，支援活動家や指導者を養成することを検討すべきである．

　東京都のソーシャルファームに対する公的な支援体制や就労支援のあり方についてまとめられたものには，都における今後の就労支援の基本理念となる「ソーシャル・インクルージョン」の考え方や，都民，事業者への支援などについて，一定の方向性を示した．また，海外には多数存在する「ソーシャルファーム」を，都の就労支援施策として新たに取り入れる方策についても言及した．現在でも，障害者，生活困窮者，ひとり親の方など，就労を希望しながらさまざまな要因を抱え，職に就けていない方が数多くいる．

　一方で，多くの企業は人材確保の面で課題を抱えている．こうした状況の中，企業が進める働き方改革は，人材確保はもとより，柔軟で働きやすい職場づくりを通じて多様な人材の活用にもつながっていく．そうした働き方改革への提案を本報告に盛り込むことができたという観点からも，当会議の議論は時宜を得たものであり，意義深い検討ができたものと考える．都がめざす「ダイバーシティ」の実現に向け，就労支援は最も重要な施策の一つであり，当会議としては，この報告書が，都の新たな施策展開に向けた礎となることを期待するものであるとしている．

3. ソーシャルファームにおける障害者支援事例

　障害者アグリ雇用推進事業研究事例として，農村工学研究所との研究プロジェクトを紹介する．

　近年，障害者の雇用・就労に配慮した農業分野と福祉分野が連携する「農福連携の推進」への取り組みが広がりを見せている．

　農福連携の政策上の始まりは，ニッポン一億総活躍プラン 2016 年の閣議決定において，社会的に弱い立場の人びとが最大限に活躍できるような環境整備の一環として「農福連携の推進」が盛り込まれたことが契機となった．その後，内閣官房所管とする省庁横断の第 1 回会議として「農福連携等推進会議」が 2019 年 4 月に設置された．第 2 回会議を 2019 年 6 月に開催し，今後の推進の方向性が『農福連携等推進ビジョン』として取りまとめられた．

　『農福連携等推進ビジョン』による農福連携とは，障害者などが農業分野で活躍することを通じて，自信や生きがいを創出し，社会参画を実現し，農福連携に取り組むことで，障害者などの就労や生きがいづくりの場を生み出すだけでなく，担い手不足や高齢化が進む農業分野において，新たな働き手の確保にもつながる可能性もあるとした．

　さらに，農福連携を農業分野における障害者の活躍促進にとどまらず，ユニバーサルな取り組みとして，農業だけでなくさまざまな産業に分野を広げるとともに，高齢者，生活困窮者，ひきこもりの状態にある者などの就労・社会参画支援，犯罪・非行をした者の立ち直り支援等にも対象を広げ，捉え直すことも重要

であると明記された.

一方，社会福祉分野では，障害者の雇用・就労推進に伴う福祉的就労機会を保障する，就労移行支援，就労継続支援（Ａ：雇用型　Ｂ：非雇用型），就労定着支援など障害者の社会的・生産的な参加活動拠点として拡充されてきた.

これらは，障害者が社会に対する受容を行い，順応する訓練の場であり，生存活動の拠点として位置づけられている．しかし，地域社会における障害者の働く場は労働と福祉の統合課題を残し，解消に向かっているとは言いがたいものがある.

また，農業分野でも，農の生産活動や人地の形成など多様化された課題を抱えた農村コミュニティと農作業や農産加工などに関わる障害者就労をテーマに，農村工学研究所の先行した研究活動がある．2009年度障害者アグリ雇用推進事業において，誰もが能力を発揮し，暮らしやすい地域社会を創出していくために，農業分野における障害者の就労を取り巻く近年の動向を踏まえ，名張会場の農と特別支援教育との連携，玉野会場の農と福祉との連携，さいたま会場の農を通じた障害者と市民との共働について，事業推進の3拠点会場でともに考え，学び合う機会が提供された．農福関係者，障害福祉関係の組織・団体・行政機関担当者，農業分野での障害者の就労に関心を持つ方などを対象に，障害者アグリ・雇用推進研修会の開催を契機に，農と福祉関連の協働や研究が高まりを見せている.

（1）　農マライゼーションによる「農福連携」

本稿では，農業あるいは農産加工および食品加工に関わる活動を通じて，障害者の雇用・就労支援と農の福祉力を融合して，さまざまな解決策を模索する運営主体の事例を検討する.

岡山県南，瀬戸内海に隣接する玉野市に法人本部を置く社会福祉法人の事業所，多機能型事業所がある．他に多機能型事業所2ヶ所，障害者支援施設，共同生活事業所，相談事業所，地域活動支援センター，地域密着型特別養護老人ホーム，放課後等デイサービス事業所，就労継続支援Ｂ型事業所の障害福祉の総合的運営を手がけ30余年，地域の中堅的存在の法人である．同法人の提唱する農マライゼーションとは，農を通じて障害のある人といっしょにつながり，働き，

活動していく障害者のアグリ雇用の推進のことをいう.

　近年,障害者支援施設の期待する取り組みでは,従来の療育から勤労意欲を持った者には就労支援を行う方針となっている.その接点が農業分野への参入である.その理由としては福祉施設と親和性が高く,障害者の訓練に有効であると考えられているからである.古来より,農作業は人力的な労働要素が高く,単純な動作の中に複数の身体の動きが組み合わさり,一つの作業が完結される.そのことから機械化も遅れた.耕作面積,作付け時期など集約的な条件の多様さにより,高齢者や障害者には容易な作業とはいえない.

　今日までに,農作業の軽減,容易さを図るため多くの農業機械が開発され,農作業全般が合理化されているが,機械の大型化や電子化で高機能が主流となっている現状である.これでは,高齢者,特に障害者には,技術を習得してそれを自在に使いこなせないという現状がある.このことから,誰もが使いやすく安全で安心して使える農業機械の改良が望まれるようになった.

　同法人と農村工学研究所との研究プロジェクトでは,障害者の作業効率を高める農機具の開発とその安全効率の向上開発研究とともに,障害者就労支援との関わりについて,実施期間3年の実証研究を試みた事例紹介がある.

　その事例は,2010年度の三菱財団社会福祉事業研究助成・ユニバーサル支援事業において発表報告会を開催するほどの効果実績を得ることができた.その報告会に参加した農村工学研究所の農村基盤研究領域の担当員は,障害のある人やその支援者が,農作業の現場で一層働きやすくなるには,どのような工夫をすればよいのだろうかと作業内容の分析や支援者の指示の仕方などとともに,作業の道具や農機具の工夫にも着目した.具体的な回答の一つに,障害者に使いやすい機械は,女性や高齢者や農業初心者にも使いやすく,ユニバーサルデザインの考え方に合致している.その考え方は,農業に関わる障害者の就労支援の仲立ちになるとともに,その地域全体の多様な主体が関わりあう契機にもなり得ることを示すと評価されるものであった.使いやすく改良された農具・農業機械を利用した,農のコーチングによる就労支援の事例でもある.

（2） 多機能型事業所でソーシャルファームをめざす

そうした実績を基に多機能型事業所では，6名の利用者が一般就労をめざす．作業訓練の他にも，模擬面接，企業実習等の活動や訓練を行っている．作業訓練には，実際の職場を想定して規律ある態度で臨み，就職活動には，関連機関と連携した取り組みが行われている．就労継続支援A型（雇用型）事業所では，定員14名の利用者で，米や野菜の生産・販売（アグリ事業部），法人厨房内の食器洗浄と収納（内需事業部），Fちゃん弁当（手作り野菜たっぷりヘルシー弁当その他弁当事業部）を活動内容とする．農福連携で障害者の就労機会を創出し，地産地消のFちゃん弁当で顔の見える安心安全な食の発信を事業化したものである．

多機能型事業所では，通常の企業体に雇用されることが困難な障害者が，適切な支援により雇用契約等に基づき就労する場の提供，生産加工等の活動の機会の提供，就労に必要な知識および能力の向上のための訓練，就労に必要な支援に資することを目的とした．その方針には，農作業を取り入れ，農作業を通じ，土を耕し，心を耕し，明日を創る精神を醸成し，速やかに一般企業に就職できるよう支援する．

農作業の持つ特性は，身体面では筋力・持久力・心肺機能・作業能力の向上．認知面では，注意力・集中力・学習意欲．精神面では，やる気・抑うつ気分・ストレスの自己抑制．社会面では，協調性など，多面的な効果が上げられ，他の業種にはみられない特性をもった取り組みとなっている．

アグリ事業部の利用者Kのケースをみると，当時の記録（2012年7月）を記載した研究発表の資料には，個別支援目標として，上司や同僚との良好な人間関係の保持，基本的なルールやマナー，技能の向上に努めるということが挙げられている．長期目標には，A型事業所における就業生活の定着．本人目標として短期的には運転免許を取得し，地元の企業に就職を希望している．

評価では，農業を通じ明らかになっている本人の性格として，長所には，支援学校で習得した技術は正確に実行されている，性格が非常に素直であるため仲間に愛され，新しい技術にも積極的に取り組んでいる，性格は非常に「まじめ」である．短所には，忘れ物が多い．抽象的な指示（もう少し引く，もっと間隔を広くなど）が通りにくく，理解していない場合も「はい」と肯定することが多いと

ある.

　支援の現状では，1日の始まりは朝礼から行っている．朝礼を行うことにより，仲間との一体感を醸成するとともに協調して何かを成し遂げる達成感を感じさせている．仲間，地域の住民と挨拶の励行．自ら大きな声で挨拶を行うことで，仲間，地域の住民とコミュニケーションを図っている．農機具を使用させることにより，作業全般を推測し農機具の使用手順を自ら考えられるよう支援している．

　本人の現状として，支援学校時代の職場実習が活されており，作業内容，事業所方針の雰囲気を理解している．仲間との人間関係も良好であり，おおむね仕事の成果は表れている．生活面では，性格が素直であるためか一歩前進しようとする向上心にやや欠けると思われることから，運転免許の取得を勧めたところ，本人も興味を示し運転免許取得に向け，自分なりに努力している．対人関係においても，自分の趣味（レーシングカー，車の模型）を中心に他人との会話がとれているが，話の内容が理解されていなくても「はい」との返事が目立っている．そのため，話の内容が理解されない場合は再度尋ねるなどして，理解するよう指導している．

　このような，多機能型事業所の就労支援は，仕事に結びつく就労意欲につながるコーチング，促す就労支援形態で，地域の農家や食品加工会社に施設外就労へとつなげている．事前訓練の実施期間を定め，一定のスキルが身についたところで，一般企業へ就職をめざして，A型事業所から離れた施設外に指導員を伴い出かけて行き，農家や企業の業務に就労する職業訓練を行う．そうした働き方は，ソーシャルファームの考え方を取り入れた，地域の多くの住民とともに働くことは，見よう見まねで修得する技術や社会性などで，障害者のメンタルに変化をもたらし，人間性や人格形成を積み上げていくことに役立つ．障害者が修得できた技術や社会性に基づき，主体的に責任を担う作業は，健常者となんら見劣りすることなく効率化されていたのである．

　しかしながら，ソーシャルファームの定義にもある25〜50%の従業員が障害者であることについて，就労継続支援A型事業所のみの運営主体では難しく，企業主体の通常業務の中に組み込まれた就労継続支援A型事業所運営もしくは特例子会社によって運営が可能となっているが，いずれにしても活動原資は企業

依存度が高い．就労継続支援 A 型事業所と特例子会社は，ともに通常業務の契約がされている．そして時間当たりの最低賃金や標準的賃金であることに違いないが，この度の事例に取り上げた就労継続支援 A 型事業所において，ソーシャルファームの売り上げの 60 〜 90% が一般市場からであること，25 〜 50% の従業員が障害者であることからも，ソーシャルファームの定義に沿うよう多大な努力がなされていることがわかった．

4章 A型事業所における就労支援の実態調査

第3章第1節では，ソーシャルファームと障害者就労の位置付けについて述べてきた．自律的経済活動を行う上で，就労に困難を抱える方が必要なサポートを受け，他の従業員とともに働く社会的企業というソーシャルファームの定義に近い運営方針を掲げるのは，A型事業所が多く，一般就労をめざす本来の障害者就労であるため，調査対象をA型事業所とした．

1. 調査の概要

（1） 対象とした3事業所の概要と特徴

対象とした3事業所の特徴を容易に比較する，法人の設立年，事業展開，経営状況，特記事項に分類した調査対象事業所の概要は表4-1のとおりである．

今回ヒアリング調査を行った事業所の特徴は，中四国で農福連携事業第1号の事業所 (001)，「手に職を」をモットーに個性を生かし，一般就労をめざしている事業所 (002)，岡山初のソーシャルファームをめざす事業所 (003) の3法人である．

「001」の事業所の法人設立が2008年5月で，農業主体のA型事業所である．経営状況は赤字すれすれではあるが，中四国で農福連携事業第1号の事業所を運営している．今回の改正後もこれまで通りの運営方針によって，従来の雇用型のA型事業所を今後も行っていく．利用者が生活できないということにならないようにしたいとの思いは強い．親亡き後も生活の基盤となるグループホームをつくることも考えている．一般就労をめざしてはいるが，一般就労へ送り出しても戻ってくることもあり，結果的に「生涯就労型」となっている．また，農福連携

表 4-1　調査対象事業所の概要[6]

	001	002	003
設立年	(NPO 法人) 2008 年 5 月	(NPO 法人) 1999 年 3 月	(社会福祉法人) 1988 年 4 月
事業展開	農業主体が始めた A 型事業所の 1 事業所のみの運営	リネン事業主体で 1 事業所，2 事業所目は，接客して麺を提供する店舗	障害福祉施設・各事業所を総合的に事業展開
経営状況	赤字すれすれで，2021 年 4 月以降の報酬改定理由により事業の多角化を考えている	コロナ禍で赤字	黒字
特記事項	中国四国での農福連携事業で第 1 号の事業所を設立する	「障害者の手に職を！」をスローガンに脱施設化．早い時期から作業所事業に取り組む	岡山初のソーシャルファームをめざした就労支援事業を展開

の事業形態が精神障害の人には合っているためか定着者が多い．利用者の職場定着については，働く環境や仕事内容を理解せず就労してしまうことが続かない原因の一つである．農業は自然相手の仕事のため，ときには厳しい環境での労働もあるため，障害者個々の対応を大切にしている．支援員・指導員に対して管理者として気をつけていることは，机上の勉強だけではなく，職場での小さな成功体験を大切にしている．指導員と障害者という関係ではなく，信頼し合える関係が持てるよう，働く人皆が知恵を出し合えるようなコミュニケーションを大切にしている．今後の A 型事業所のあり方や展望は，親亡き後の居場所となるグループホームをつくり，A 型就労で経済的な自立をめざすことである．地域で必要とされる労働力となるために，短時間の仕事も行うという発想が大切であり，結果的に A 型就労の継続につながると考えている．

　「002」の事業所の法人設立は 1999 年 3 月で，リネン事業が主体で 1 事業所を運営，2 事業所目を麺屋（飲食店）の事業所を行っている．今回の報酬改定後も会社としての運営方針は大きく変わっていない．しかし売上アップ，支援アップ，関係機関との連携についてはいままで以上に意識し研修やセミナーには参加している．改定は大変だとの思いが半分，当然との思いが半分あり，会社として

注6)　図や表の一部は，筆者が投稿した「就労継続支援 A 型の 3 事業所における障がい者のワークエンゲイジメント評価」『環境福祉学研究』Vol.8, No.1 2023 に改訂し掲載されている．以下同じ．

の努力を行っていく目標を掲げている．一般就労をめざしているが，現状は「生涯就労型」となっている．就労している利用者もその親も現状いまのＡ型事業所に通えているならそれでよいと考える人が多くいるため，一般就労をすすめても断ることになる．利用者の職場定着については，利用者も職員も同じ場所で楽しく，明るく仕事ができるように，また，困ったことがあれば職員や仲間に相談できる環境づくりをめざしている．定着率は良いが，一般就労につながっていない現状がある．支援員・指導員に対して管理者として気をつけていることは，職員や利用者に対して，話を途中で中断しないで最後まで聴くことである．話の内容を否定せず傾聴し，聞かれることに答えるという姿勢を心がけている．今後のＡ型事業所のあり方や展望は，売上アップと支援アップが比例してできることである．障害者の「いま」だけでなく，親からの生活支援やお金の管理は，いずれできなくなるため，そうなったときのために「いまできること」の支援を考えていきたいとの目標を立てている．

　「003」の事業所の法人設立は1988年4月で，今回の事業所の中では最も長く事業をしている．事業内容も障害者福祉施設・事業所など総合展開をしている．経営状況は黒字で，岡山発のソーシャルファームをめざしている．今回の改定後も運営方針に大きな変化はない．収支は3年前より改善を図っているため，黒字を達成している．時差出勤は柔軟に対応しているが，支援力の向上や労働環境の整備は改善していく予定である．発足当初は「生涯就労型」であったが，能力・適性や意欲により一般就労をめざしている．利用者の職場定着については，障害は多様であるため，個々の能力や適性を理解することが，支援することには大切である．「障害は個性」と考え，利用者も職員もともに成長できる職場づくりを心がけている．支援員・指導員に対して管理者として気をつけていることは，仕事の効率だけにとらわれず，利用者の仕事に対する姿勢を長期的に見極める目を養うことである．できないことだけを指摘・指導することにならないようにしている．今後のＡ型事業所のあり方や展望については，事業の永続化は利用者の将来を考えると必要なことである．事業所の軸となる事業を考えていきたいが，当面は経費のかからない施設外労働の展開でいく方針を掲げている．

（2）目　的

　福祉的就労の「働く場」において，職場環境が障害者の主観にどのような影響を与えるのか，ワークエンゲイジメント（活力・熱意・没頭）の測定尺度を用い，心理面での配慮や職能訓練での配慮が提供される，ソーシャルファームという就労形態の構成要素を導き出し，その就労支援のあり方を明らかにすることを目的とする．

（3）　調査対象および対象の選定の方法

　障害者の就労・雇用に農業が注目されるなか，障害者福祉分野では，農業そのものと農産物を加工する食品加工の分野と連動する農福連携で，障害者就労支援の事業展開が盛んになってきている．

　全国でもまれな都市部に経営農地を多く有し，アクセス移動も容易とされている岡山市と，その経営農地が隣接する玉野市に拠点を置く，主に農福連携で事業運営している障害者就労継続支援A型事業所を選択の対象とする．

　岡山県出所である県内の障害者就労継続支援A型事業所は，2020年10月現在の箇所数が135ヶ所であった．そのうち，岡山市・玉野市の管内において運営する事業所の主たる作業内容が農福連携で関連もしくは該当する事業所の選出を，岡山県農福連携サポートセンターに協力依頼を申し出たところ，快く承諾いただき，17ヶ所の障害者就労継続支援A型事業所を選定することができた．

　岡山県農福連携サポートセンターの選出した17ヶ所の障害者就労継続支援A型事業所を対象とした．本研究の調査概要をしたためた文書に説明書を添えて各事業所に研究へのご協力をお願いする文書を郵送した結果，3ヶ所の事業所から承諾の回答を得ることができた．

　本調査は，2段階の調査設計を取り入れた．1段階目は利用者対象のアンケート調査であり，2段階目は管理者対象のヒアリング調査である．この理由には，対象のアンケート調査結果と対象の事業所管理である運営方針，職場の雰囲気づくり，あり方など利用者のスキルアップにつながる就労支援との関係性を導き出すことにあった．

（４）　測定除外者の検討

　就労している知的障害者の主観的測定法の可能性を追求した飯塚ら（2019）の研究において測定除外者については以下のようにまとめられている．障害者を対象とする，技術的な配慮や環境への配慮による新たな幸福度測定法による調査を実施した．その結果，就労している身体・精神・聴覚障害者への幸福度測定が有効である可能性を確認できたが，知的障害者への測定は困難だった．つまり，黙従傾向がなく，測定尺度に対する有効な回答に必要な認知能力がある，軽度または中度の知的障害者には適しているが，重度の知的障害者には有効な自己認知を表出する能力がないため，測定の有効性向上には重度者を除外する必要性とその方法を明確化することが重要とされていることから，次のように職員の適応可否判定による判断で除外者を検討した．

（５）　対象者の選定作業

　本調査の要素として，知的感覚や言語感覚といった障害特性の能力検査によって調査対象者を選定するのではなく，調査対象者の主観認識や解釈の力量といった調査者が定義する要因によって対象者を選定することの妥当性が言及されており，包摂性の高いワークエンゲイジメント（UWES-17）測定法の可能性を模索する．したがって，調査方法には，障害者が緊張度を増し，不慣れな検査やテスト形式によって対象であるか否かを判断するのではなく，日頃から職場をともにする指導員・支援員の職員判断に利用者（障害者）の回答適応可否判定を委ね，回答者の選択を得てアンケート調査に臨んだ．

　適応可否判定項目としては，「1.最小・最大値が理解できる」「2.質問の意図が理解できる」「3.返答方法を理解し回答できる」「4.過去と現在が把握できる」「5.時間を理解し管理ができる」「6.その他（回答拒否）」で，1～5は○△×を記入，6は特記事項とした．他に個人情報や障害特性等の一時的管理に使用してもらう内容を表にまとめ，調査者の研究資料として利用するのではなく，職員に「整理作業用にご利用ください」として渡した．

2. 利用者調査

（1） 目　的
　ワークエンゲイジメント（活力・熱意・没頭）の測定尺度を用い，対象の利用者（障害者）の主観という意識の働きを数値化し追究することで明らかにする.

（2）　調査方法
　同意書・同意撤回書を同封したものを対象の障害者就労継続支援 A 型事業所の管理者および家族会・後見人様あてに郵送して，承諾の回答があった 3 事業所の利用者を対象にアンケート調査を実施したものである.

　わかりやすさの配慮として，調査者が対象の就労継続支援 A 型事業所を訪問して，わかりやすく理解してもらうために質問を読み上げて利用者の方が自記式で記入する. 予定では，設問に集中して回答できるように静かな談話室などで同室内で実施する行程であったが，コロナ禍のため，作業室や休憩室など広めに部屋を借りてソーシャルディスタンスを取り，時短，三密を回避での実施となった.

　　・調査に用いた質問票の原資料 Schaufeli & Bakker（2003）ワークエンゲイジメント尺度（UWES）は，営利目的ではなく学術研究が目的の場合には自由に使用できる. UWES-17 を引用し，わかりやすさを強調したオリジナルの〈ふりがなイラスト付き〉質問紙票を作成したものを質問票に用いた.

（3）　実施時期
　2021 年 4 月 24 日〜 5 月 8 日

（4）　回収数・回収率
　選定された障害者就労継続支援 A 型事業所 3 事業所において，各事業所の事業所コード No. を 001，002，003 に設定した. 001 を利用する障害者 15 名中，11 名が回答可能な対象者として職員判定によって選出された. 002 は 11 名中，11 名. 003 は 14 名中，11 名の選出があり，アンケート調査の回答を中断するこ

ともなく偶然にも各事業所同数の各11名計33名のすべての対象者に自記式・集合調査法でワークエンゲイジメント（UWES-17）をはじめとする5問33項目のアンケート調査を実施した（資料2参照）．調査に用いる質問票は調査者が配布し，回答された質問票は，誰のものか職員にも内容が知れないように封筒に入れ閉じて受け取る．封筒には事業所コード No.，個人コード No. を記入したものを調査者が回収した．アンケートの回収数は各11名分，回収率は100%であった．実施時間は30分間程度を想定していたが，事業所職員・利用者の協力により各事業所とも調査に支障なく予定どおり終了した．

3．管理者調査

（1）目　的
　事業所の運営方針，職場の雰囲気づくり，今後のあり方など，管理者ヒアリングにより，ワークエンゲイジメントのポジティブコミュニケーションの有効性および利用者のスキルアップにつながる就労支援のあり方を明らかにする．

（2）調査方法
　管理者調査にあたっては，ヒアリング調査実施協力をお願いする文書に加え，説明書，ヒアリングガイド，同意書，同意撤回書を同封して対象の3事業所各1名，3名の管理者あてに郵送した．その後，電話連絡をとり，ヒアリング調査実施協力の同意する意思を確認した上で，調査実施の方法，調査時期等を調整した．正確に分析するために，IC レコーダーで録音の承諾を得てヒアリング調査を実施した．一段階目の調査と同様に3事業所の各事業所コード No. を001，002，003，と設定した．
　管理者，調査者それぞれの手元に調査に用いる質問票を置き，調査者が問いを読み上げて，管理者が回答する．その回答の記録はメモと IC レコーダーに取った．コロナ禍の同室内での調査であったため，ソーシャルディスタンスを取り，時短，三密回避での実施となった．回答率，回収率はともに100%であった．所要時間は1時間程度を想定していたが，5問の質問内容を予め送付して知らせておいたことが，回答する管理者の理解も深め，早々の検証効果と時短につなが

り，各事業所とも 30 分間程度の調査時間で終了した．

（3） 実施時期

2021 年 7 月 19 日～7 月 26 日

（4） 倫理的配慮

　ヒアリング調査は個人の自由意志を尊重し，情報の保護に十分に配慮し，目的以外には使用しないことを明記し，調査目的，調査方法など書面および口頭で説明を行い，同意書に署名をしてもらった．同意した後でも，撤回することができ不利益を被らないことを説明している．

　この調査は，日本福祉大学大学院「人を対象とする研究」計画等審査に申請し，本研究課題である「就労している障がい者の主観的ワークエンゲイジメントの調査研究 ― 働く場の創出ソーシャルファームの可能性 ―」の研究計画について，2021 年 7 月 8 日付けで申請番号・承認番号 21-019 の承認の判定を受け，調査者である著者の責任のもとで実施したものである．

4．利用者対象アンケート調査の結果

（1） アンケート調査結果・単純集計
（1）-1　アンケート調査結果・単純集計一覧表

　アンケート調査は，〈問 1〉回答者の属性，〈問 2〉回答者が仕事に関してどのように感じているかというワークエンゲイジメント（UWES-17）に関わる質問で，〈問 3〉〈問 4〉〈問 5〉は回答者の就労環境でのコミュニケーションについて，計 5 問で構成されている（資料 2 参照）．

　各事業所コード No.001，002，003 と各事業所の回答者 No.1 ～ 11 の個人コードと平均を縦軸に，5 問 33 項目の回答スコアと合計を横軸に設定して単純集計結果をアンケート調査結果・単純集計一覧表にまとめた（表 4-2）．

　本研究の調査課題は，障害者の就労環境において，当事者のスキル（ソーシャル・ワーク・ライフ・バランス）の心象を主観的に捉え，何がどのようにワークエンゲイジメントするのかを，問 1 の属性，問 2 のワークエンゲイジメント

（UWES-17）活力・熱意・没頭，問３の仕事と生活の調和，問４の対人関係，問5の作業性について単純集計したスコア値をクロス集計分析することにより，障害者主観を映し出す試みの中にエビデンスを追究したものである．

　ワークエンゲイジメント（UWES-17）の事業所別平均スコア比較は，001 が62.8，002 が72.4，003 が63.1 と002 が高く，001 と003 は同程度となっている．個人別にみると001 のハイスコア者はNo.1 とNo.7 の２人で85，ロースコア者はNo.11 の40 となっている．

　これらの数値からみると，001 は事業所平均では003 と同程度であるが，個人別にみると，全事業所のハイスコア者とロースコア者が存在しスコア比に偏りがある．

　全体を通してみると，001 が186，002 が295，003 が339 となっているが，問1 の属性をリッカート尺度7 段階分析法により数値化したことから誤差が生じるため，この部分を分析対象から除外することにした．

（1)-2　回答者の属性
●問 1-1　性別（表 4-3）

　001 は「男性」が81.8%，「女性」が18.2% と「男性」の利用者がかなり多く「女性」が少ない．

　002 は「男性」が45.5%，「女性」が54.5% と「女性」がやや多いが，男女とも均衡しているといえる．

　003 は「男性」が63.6%，「女性」が36.4% と「男性」が多く，「女性」が少ないことがわかる．

●問 1-2　勤続年数（表 4-4）

　001 は勤続年数が「16 年以上」はいないが，「11 〜 15 年前」から勤務している利用者が18.2%，「6 〜 10 年前」が45.5%，「0 〜 5 年前」が36.4% と利用者の安定的職場定着がうかがえる．

　002 は「16 年以上」が54.5%，「11 〜 15 年」が27.3%，「6 〜 10 年」が0.0%，「0 〜 5 年」が18.2% と永年勤続者と高水準の定着性がうかがえる．

　003 は「16 年以上」が0.0%，「11 〜 15 年」が0.0%，「6 〜 10 年」が36.4%，「0

表 4-2　アンケート集計結果

コードネーム			問1							問2										
			1	2	3	4	5	6	7	1	2	3	4	5	6	7	8	9	10	11
001	1	1	1	10	4	4	3	2	2	3	3	6	4	3	3	3	3	6	3	3
	2	2	2	10	5	5	3	2	2	4	4	3	4	5	5	6	4	5	4	3
	3	3	1	10	2	1.2.5	2	2	2	2	2	1	1	5	6	6	6	6	6	6
	4	4	2	9	4	5	3	3	3	3	3	3	3	4	2	3	3	3	3	2
	5	5	2	10	3	4	2	3	2	0	1	1	0	6	0	3	0	1	3	0
	6	6	2	4	5	4	3	3	3	4	4	5	4	4	3	5	5	6	4	4
	7	7	2	1	2	4	2	2	2	4	4	3	4	4	3	4	3	4	3	3
	8	8	2	11	2	4	3	2	2	6	0	6	6	6	4	4	6	0	0	0
	9	9	2	1	2	4	1·3	3	3	4	3	3	3	2	2	3	2	2	2	3
	10	10	2	11	4	4	3	2	2	6	6	6	6	6	6	6	6	6	6	6
	11	11	2	2	4	4	3	1	3	5	5	4	5	6	5	5	4	5	5	4
	平均			7.2	3.4					3.7	3.2	3.7	3.6	4.6	3.5	4.4	3.8	4.0	3.5	3.1
002	12	1	1	20	4	3	2	3	3	4	6	6	6	6	3	4	6	6	6	6
	13	2	1	22	4	1.3	3	1	3	6	4	6	4	3	1	6	5	3	6	0
	14	3	2	2	4	1.5	2.3	2	2	3	0	3	3	6	4	0	6	0	0	0
	15	4	2	13	3	3	2	3	3	6	6	6	6	6	3	6	5	6	6	0
	16	5	1	17	3	3	2	3	3	6	6	6	6	6	6	6	6	6	3	3
	17	6	1	13	3	5	2	3	3	6	6	6	6	6	6	6	6	6	6	2
	18	7	1	4	2	3	2	3	3	5	3.5	6	3.5	3.5	0	0	3.5	3.5	3.5	5.5
	19	8	2	20	4	5	2	2	2	6	4	6	3	3	0	3	6	3	3	3
	20	9	1	17	3	3	2	1	3	3	3	5	2	3	0	0	4	1	3	1
	21	10	2	20	3	1	2	1	3	5	5	5	5	5	3	5	5	5	5	6
	22	11	2	13	2	1	2	3	3	2	5	3	3	4	1	4	6	5	5	5
	平均			14.6	3.2					4.7	4.4	5.3	4.3	4.7	2.8	3.6	5.3	4.0	4.2	2.9
003	23	1	2	4	2	5	2	1	1	4	6	6	6	6	3	6	6	3	6	0
	24	2	1	6	2	5	2	2	2	4	0	6	6	6	0	0	6	3	4	3
	25	3	2	5	2	5	2	1	3	6	6	5	3	6	0	6	6	6	0	0
	26	4	1	7	2	4	2	1	3	3	3	3	3	4	2	2	3	3	2	1
	27	5	2	2	2	4	3	3	3	6	3	4	2	3	6	3	0	1	2	1
	28	6	2	1	2	4	2	1	1	6	6	6	4	6	3	3	3	6	6	3
	29	7	2	4	3	5	2	1	1	4	6	6	6	6	3	6	6	3	6	0
	30	8	1	6	2	5	2	2	2	4	0	6	6	6	0	5	6	3	4	3
	31	9	2	5	3	5	2	1	3	6	6	5	3	6	0	6	6	6	0	0
	32	10	1	7	2	4	2	1	3	3	3	3	3	4	2	2	3	3	2	1
	33	11	2	2	2	4	3	3	3	2	3	4	2	3	6	3	0	1	2	1
	平均			4.5	2.2					4.4	3.8	4.9	4.0	5.1	2.3	3.8	4.1	3.5	4.4	1.4

・単純集計一覧表

作成日　2021 年 8 月 16 日

(UWES-17)										問3			問4			問5			問3～5
12	13	14	15	16	17	合計	活力	熱意	没頭	1	2	3	1	2	3	1	2	3	合計
3	3	3	3	3	3	58	19	15	24	3	3	1	1	2	1	2	3	3	19
6	5	5	4	1	4	72	26	24	22	1	0	0	2	3	1	1	2	3	13
6	6	6	2	6	3	76	20	25	31	0	0	0	0	0	3	0	6	6	15
3	3	3	3	2	3	49	18	16	15	1	0	2	6	0	0	0	3	1	13
2	0	3	2	0	3	25	7	13	5	3	4	4	3	2	2	2	3	3	26
3	4	6	4	1	3	69	23	21	25	2	4	3	2	2	1	1	2	1	18
4	3	6	3	3	4	62	22	18	22	3	4	3	3	3	3	4	3	3	29
6	6	6	6	0	2	64	32	16	16	0	0	0	0	0	0	0	0	0	0
1	2	2	3	2	3	42	16	12	14	0	0	0	0	0	0	0	0	0	0
6	6	6	6	3	3	96	33	30	33	3	3	3	2	1	1	3	3	3	22
3	5	5	5	2	4	78	27	26	25	4	4	3	3	3	3	3	4	4	31
3.9	3.9	4.6	3.8	2.1	3.2	62.8	243	216	232	20	22	19	22	16	15	16	29	27	186
6	6	6	6	1	6	90	34	28	28	6	3	0	6	0	3	6	6	6	36
4	5	6	6	0	6	71	31	24	16	6	4	4	6	4	4	4	4	4	40
6	1	5	1	2	4	44	23	7	14	0	6	3	0	6	6	0	0	0	21
6	6	6	6	0	6	86	35	30	21	0	1	0	0	0	0	0	0	1	2
6	6	6	6	4	4	92	34	27	31	3	6	6	6	3	3	6	4	4	41
1	6	6	6	3	6	90	31	30	29	3	4	0	0	3	0	6	3	4	23
4.5	5.5	5.5	6	3.5	4.5	67	27	16	24	6	6	0	3	0	0	2	0	0	17
3	3	3	3	4	3	63	24	16	23	5	4	1	0	0	0	0	1	0	10
3	3	3	3	3	3	42	18	11	13	4	2	3	4	5	3	4	4	4	33
6	5	6	6	3	5	85	32	25	28	6	6	4	6	4	5	6	5	5	47
3	5	3	3	3	6	66	23	23	20	2	5	2	4	4	1	3	1	3	25
4.4	4.6	5.0	4.7	2.4	4.9	72.4	312	237	247	41	47	23	35	29	25	37	27	31	295
6	6	6	6	3	6	85	34	30	21	5	2	2	4	3	4	4	5	5	34
3	0	6	3	0	5	55	27	10	18	4	2	4	4	3	4	5	5	3	34
6	6	0	6	0	6	74	33	30	11	3	5	3	4	3	5	5	4	2	34
3	3	2	2	3	3	47	17	15	15	3	3	2	3	4	3	2	3	3	26
1	2	6	0	1	3	44	12	13	19	2	1	2	1	5	4	4	2	5	26
4	6	6	3	2	6	79	26	27	26	4	3	4	4	3	2	4	2	6	32
6	6	6	6	3	6	85	34	30	21	5	4	2	4	4	2	4	4	2	31
3	4	6	3	0	5	64	27	19	18	6	2	3	2	2	4	2	2	3	26
6	6	0	6	0	6	74	33	30	11	5	2	2	2	4	3	3	4	3	29
3	3	2	2	3	3	47	17	15	15	4	4	5	2	3	4	4	5	3	34
1	2	6	0	1	3	40	8	13	19	4	4	3	5	3	4	4	2	4	33
3.8	4.0	4.2	3.4	1.5	4.7	63.1	268	232	194	45	32	33	35	37	39	41	38	39	339

63

表 4-3　性別

	全事業所		001		002		003	
	度数	割合	度数	割合	度数	割合	度数	割合
1．女性	12	36.4%	2	18.2%	6	54.5%	4	36.4%
2．男性	21	63.6%	9	81.8%	5	45.5%	7	63.6%
合計	33	100.0%	11	100.0%	11	100.0%	11	100.0%

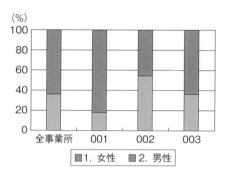

表 4-4　勤続年数

	全事業所		001		002		003	
	度数	割合	度数	割合	度数	割合	度数	割合
1．0～5年	13	39.4%	4	36.4%	2	18.2%	7	63.6%
2．6～10年	9	27.3%	5	45.5%	0	0.0%	4	36.4%
3．11～15年	5	15.2%	2	18.2%	3	27.3%	0	0.0%
4．16年以上	6	18.2%	0	0.0%	6	54.5%	0	0.0%
合計	33	100.0%	11	100.0%	11	100.0%	11	100.0%

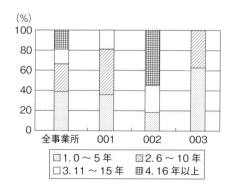

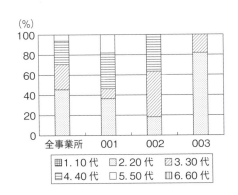

〜 5 年」が 63.3% と，ここ 10 年間ほど利用者の安定的職場定着がうかがえる．

● 問 1-3　年齢（表 4-5）

001 は，「40 代」「20 代」が多く，「50 代」「30 代」が少なく偏りがある．

002 は，「40 代」「30 代」が多く，「20 代」はやや少ないものの，中堅世代が中心の利用者年齢となっている．

003 は，「40 代」は 0.0%，「30 代」は 18.2%，「20 代」は 81.8%，「10 代」は 0.0%と若手中心の利用者年齢となっている．

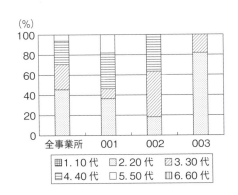

表 4-5　年齢

	全事業所		001		002		003	
	度数	割合	度数	割合	度数	割合	度数	割合
1.　10 代	0	0.0%	0	0.0%	0	0.0%	0	0.0%
2.　20 代	15	45.5%	4	36.4%	2	18.2%	9	81.8%
3.　30 代	8	24.2%	1	9.1%	5	45.5%	2	18.2%
4.　40 代	8	24.2%	4	36.4%	4	36.4%	0	0.0%
5.　50 代	2	6.1%	2	18.2%	0	0.0%	0	0.0%
6.　60 代	0	0.0%	0	0.0%	0	0.0%	0	0.0%
合計	33	100.0%	11	100.0%	11	100.0%	11	100.0%

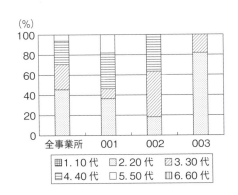

● 問 1-4　職場作業（表 4-6）

　001 は，72.7% の利用者が「農業」に従事し，「製造」を中心に複数回答者が
9.1%，「その他」の 18.2% と大半の利用者が「農業」にたずさわっている．

　002 は，36.4% の利用者が「製造」を中心に複数回答し，45.5% の利用者が「販
売」をしていて「製造」「販売」が中心であることがわかる．「その他」は 18.2%
と少ない．

　003 は，「農業」に 45.5% が従事し，54.5% が「その他」となっている．

表 4-6　職場作業

	全事業所		001		002		003	
	度数	割合	度数	割合	度数	割合	度数	割合
1.　製造	5	15.2%	1	9.1%	4	36.4%	0	0.0%
2.　加工	0	0.0%	0	0.0%	0	0.0%	0	0.0%
3.　販売	5	15.2%	0	0.0%	5	45.5%	0	0.0%
4.　農業	13	39.4%	8	72.7%	0	0.0%	5	45.5%
5.　その他	10	30.3%	2	18.2%	2	18.2%	6	54.5%
合計	33	100.0%	11	100.0%	11	100.0%	11	100.0%

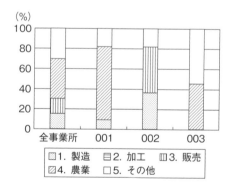

● 問 1-5　障害区分（表 4-7）

　001 は，「精神障害」が 63.6%，「知的障害」が 27.3%，複数回答の「身体障害」
が 9.1% で「精神障害」での利用者がかなり多い．

　002 は，「知的障害」が 90.9%，「精神障害」が 9.1% とほとんど「知的障害」中

表4-7　障害区分

	全事業所		001		002		003	
	度数	割合	度数	割合	度数	割合	度数	割合
1.　身体	1	3.0%	1	9.1%	0	0.0%	0	0.0%
2.　知的	22	66.7%	3	27.3%	10	90.9%	9	81.8%
3.　精神	10	30.3%	7	63.6%	1	9.1%	2	18.2%
4.　その他	0	0.0%	0	0.0%	0	0.0%	0	0.0%
合計	33	100.0%	11	100.0%	11	100.0%	11	100.0%

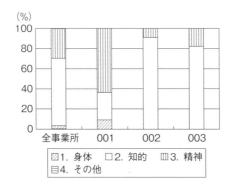

心の利用者となっている.

003は,「知的障害」が81.8%,「精神障害」が18.8%とほとんどが「知的障害」での利用者となっている.

●問1-6　一般就労をめざしているか（表4-8）

001は,「いいえ」が54.5%,「どちらともいえない」が36.4%,「はい」が9.1%とほとんどの利用者が一般就労をめざしていない, もしくは「どちらともいえない」と思っている.

002は,「どちらともいえない」が54.5%でかなり多い.「はい」が27.3%,「いいえ」が18.2%と少ない.

003は,「はい」が63.6%と大半を占めている.「いいえ」・「どちらともいえない」がそれぞれ18.2%と少ない.

表4-8　一般就労をめざしているか

	全事業所		001		002		003	
	度数	割合	度数	割合	度数	割合	度数	割合
1.　はい	11	33.3%	1	9.1%	3	27.3%	7	63.6%
2.　いいえ	10	30.3%	6	54.5%	2	18.2%	2	18.2%
3.　どちらともいえない	12	36.4%	4	36.4%	6	54.5%	2	18.2%
合計	33	100.0%	11	100.0%	11	100.0%	11	100.0%

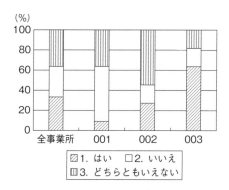

●問1-7　ソーシャルファームへの就労をめざしているか（表4-9）

001は，「いいえ」が63.6%，「どちらともいえない」が36.4%とほとんどの利用者が「いいえ」もしくは「どちらともいえない」と思っている．

002は，「いいえ」が18.2%，「どちらともいえない」が81.8%とほとんどの利用者が「いいえ」もしくは「どちらともいえない」と思っている．

003は，「はい」が27.3%とソーシャルファームの就労をめざしている利用者がいる．「いいえ」が18.2%，「どちらともわからない」が54.5%と「いいえ」もしくは「どちらともわからない」が大半を占めている．

（1）-3　活力・熱意・没頭 UWES-17 個人別集計（スコア合計）

ワークエンゲイジメント（UWES-17）活力・熱意・没頭のそれぞれのスコア合計を個人別，事業所別に集計した．図の構成は，0～フルスコアの102を縦軸として，事業所合計の平均のスコア，1～11の個人合計スコア，全事業所合計平均スコアを横軸に単純集計の比較図を作成した．

表4-9　ソーシャルファームへの就労をめざしているか

	全事業所		001		002		003	
	度数	割合	度数	割合	度数	割合	度数	割合
1. はい	3	9.1%	0	0.0%	0	0.0%	3	27.3%
2. いいえ	11	33.3%	7	63.6%	2	18.2%	2	18.2%
3. どちらともいえない	19	57.6%	4	36.4%	9	81.8%	6	54.5%
合計	33	100.0%	11	100.0%	11	100.0%	11	100.0%

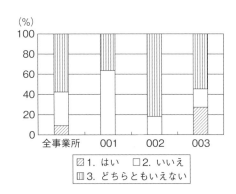

　001は，全事業所のハイスコア者とロースコア者の存在が確認できるが，ハイスコア者の活力・熱意・没頭のバランスがよく，ロースコア者のバランスはとれておらず偏りがある（図4-1）.

　002は，個人別を総合してみると，全体的に活力が高く，没頭もするが熱意が

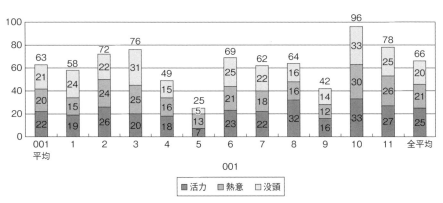

図4-1　001 UWES-17 個人別

やや低く，合計スコアが低い者は活力・熱意・没頭のバランスもとれていない傾向にある（図4-2）.

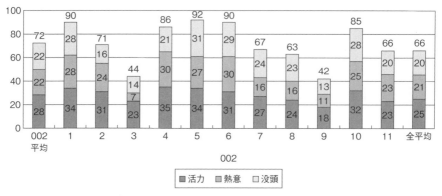

図4-2　002 UWES-17 個人別

003 は，個人別を総合してみると，全体的に活力・熱意はあるがそれに比べて没頭が低く，合計スコアが低い者は，活力・熱意・没頭のバランスもとれていない傾向にある（図4-3）.

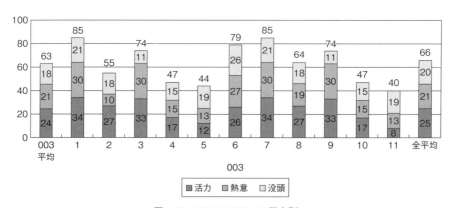

図4-3　003 UWES-17 個人別

(1)-4　UWES-17 活力・熱意・没頭個人集計（スコア平均）

ワークエンゲイジメント（UWES-17）活力・熱意・没頭のそれぞれのスコア平均を個人別，事業所別に集計した．図の構成は活力・熱意・没頭をそれぞれの

平均と合計平均と縦軸として，事業所スコアの平均1〜11の個人スコアの平均，全事業所スコア平均を横軸に単純集計の比較図を作成した（図4-4）.

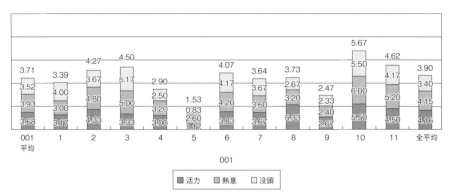

図4-4　001 UWES-17 個人別平均値

ワークエンゲイジメント（UWES）には，（UWES-3），（UWES-6），（UWES-9），（UWES-17）があり，どの測定尺度を用いてもワークエンゲイジメント・スコアの平均値より偏差を求めるのが標準となっており，比較においては基本条件であるため，本調査の結果集計においても準用して，事業所別，個人別に分類して図を作成したものである（図4-5）.

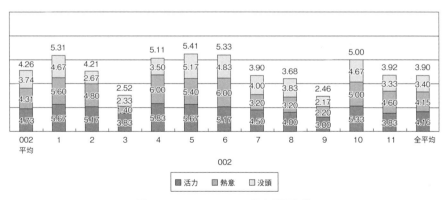

図4-5　002 UWES-17 個人別平均値

今後の研究の展開においても検討されることとなる．そのためにも現段階での作成が必須と認識した（図4-6）.

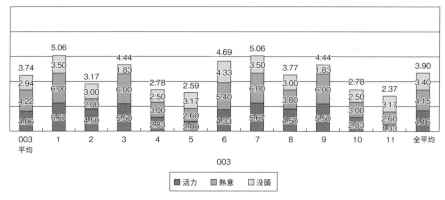

図4-6　003 UWES-17 個人別平均値

（2）アンケート調査・クロス集計

　問1の「性別」「勤続年数」「年齢」「作業時間」「障害区分」「一般就労をめざしている」「ソーシャルファーム（社会的企業）への就労をめざしている」の7項目の属性と問2のワークエンゲイジメント（UWES-17）活力・熱意・没頭のスコア平均をクロス集計し，001，002，003，全事業所別に整理して作成した.

（2）-1　全事業所のクロス集計（表4-10, 図4-7）

　全事業所平均の活力・熱意・没頭の性別での結果は，「女性」がやや低く，「男性」がやや高い．「女性」「男性」とも活力が高く，熱意・没頭と低くなっている．年齢では，軽微な波はあるが年数を重ねるにつれて高くなっているのがわかる．「20代」は活力が高く，「30代」では熱意が高く，「40代」では活力が高く，「50代」では熱意が高く，「60代」では熱意が高く，没頭はどの年代でも低い水準になっている．勤続年数では，「0〜5年」は活力が高く，「6〜10年」は熱意がやや高く，「11〜15年」は活力がかなり高い，「16年以上」は活力が高い，没頭はどの年数でも低い水準になっている．職場作業では，「製造」は熱意が高く，次に没頭で活力は低い．「販売」は，活力が高く，次に熱意で没頭は低い．「農業」

表 4-10　全事業所属性と UWES-17・3 因子の平均値 [6]

全事業所		活力	熱意	没頭	平均
性別	1. 女性	3.93	3.83	3.75	3.83
	2. 男性	4.21	4.08	3.29	3.86
勤続年数	1. 0〜5年	4.04	3.70	3.27	3.67
	2. 6〜10年	3.33	3.34	2.99	3.22
	3. 11〜15年	5.68	4.61	3.99	4.76
	4. 16年以上	4.81	4.37	3.86	4.34
年齢	1. 10代				
	2. 20代	3.88	3.76	3.38	3.67
	3. 30代	3.92	4.36	2.52	3.60
	4. 40代	4.35	4.05	3.71	4.04
	5. 50代	4.08	4.50	3.92	4.17
	6. 60代	4.08	4.50	3.92	4.17
職場作業	1. 製造	3.94	4.48	4.21	4.21
	2. 加工				
	3. 販売	4.93	4.48	3.90	4.44
	4. 農業	3.20	3.55	3.28	3.34
	5. その他	4.49	4.52	3.40	4.14
障害区分	1. 身体	2.67	2.40	2.33	2.47
	2. 知的	4.13	4.24	3.40	3.92
	3. 精神	3.69	3.88	3.21	3.59
	4. その他				
一般就労をめざす	1. はい	4.54	4.75	3.40	4.23
	2. いいえ	4.21	3.16	3.40	3.59
	3. どちらともいえない	3.15	3.61	3.29	3.35
ソーシャルファームをめざす	1. はい	5.22	5.80	3.78	4.93
	2. いいえ	4.07	3.08	3.24	3.46
	3. どちらともいえない	3.91	4.12	3.23	3.75

は，熱意が高く，次に没頭で活力が低い．「その他作業」は，熱意が高く，次に活力で没頭が低い．障害区分では，「身体」は全平均が低く，その中でも活力が高く，次に熱意で没頭が低い．「知的」は，熱意が高く，次に活力で没頭が低い．「精神」は，熱意が高く，次に活力で没頭が低い．

　一般就労をめざしているかの問いに，「はい」の回答者の順は熱意が高く，次

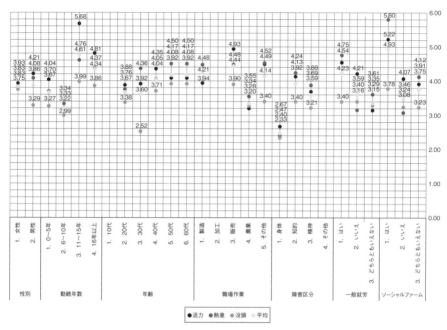

図 4-7　全事業所 UWES-17 平均値クロス集計

に活力で没頭が低い.「いいえ」の回答者の順は活力が高く，次に没頭で熱意は低い.ソーシャルファームをめざしているかの問いに，「はい」の回答者の順は熱意が高く，次に活力で没頭が低い.「いいえ」の回答者の順は熱意が高く，次に活力で没頭が低い結果となっている.

（2）-2　001 クロス集計（表 4-11, 図 4-8）

001 の性別では，全事業所平均より活力・熱意・没頭スコア平均が「女性」が高く，「男性」が低い.勤続年数では，全事業所平均とも勤続年数が重なると高くなっている.年齢では，全事業所平均は年長になるに従い高くなるが，001 の「30 代」はかなり低く出ているものの，同様に年長になるに従い高くなっている.職場作業では，001 は農業主体のため，全事業所平均よりやや高いがその反面，その他の作業では，やや低い結果となっている.障害区分では，全事業所平均の「身体」区分と 001 の「身体」区分は同じである.「知的」区分は全事業所

表 4-11　001. 属性と UWES-17・3 因子の平均値

001		活力	熱意	没頭	平均
性別	女性	3.25	4.00	4.58	3.94
	男性	3.78	3.26	3.28	3.44
勤続年数	0 ～ 5 年	3.67	3.85	3.58	3.70
	6 ～ 10 年	3.00	3.72	3.23	3.32
	11 ～ 15 年	5.42	4.60	4.08	4.70
	16 年以上				
年齢	10 代				
	20 代	3.75	3.55	3.46	3.59
	30 代	1.17	2.17	0.83	1.39
	40 代	4.04	4.35	4.04	4.14
	50 代	4.08	4.50	3.92	4.17
	60 代	4.08	4.50	3.92	4.17
職場作業	製造	3.33	5.00	5.17	4.50
	加工				
	販売				
	農業	3.73	3.78	3.42	3.64
	その他	3.67	4.00	3.08	3.58
障害区分	身体	2.67	2.40	2.33	2.47
	知的	2.72	3.73	3.22	3.23
	精神	4.24	4.23	3.81	4.09
	その他				
一般就労をめざす	はい	4.50	5.20	4.17	4.62
	いいえ	4.22	4.27	4.11	4.20
	どちらともいえない	2.67	3.10	2.46	2.74
ソーシャルファームをめざす	はい				
	いいえ	3.79	4.03	3.64	3.82
	どちらともいえない	3.50	3.75	3.29	3.51

平均よりも 001 がやや低い.「精神」区分では，全事業所平均よりやや高い結果となっている.

　「一般就労をめざしているか」の問いに，「はい」と回答した全事業所平均よりも 001 が高く，「いいえ」と回答した全事業所平均より高く，「どちらともいえない」と回答した全事業所平均より 001 はかなり低い. 一般就労をめざすか否かは

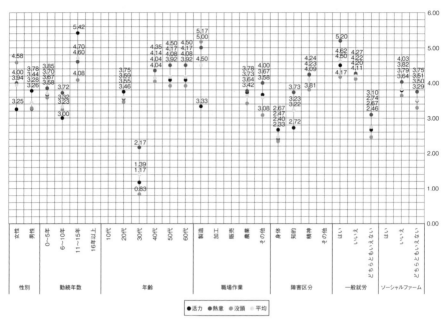

図4-8　001 UWES-17 平均値クロス集計

はっきり分かれている．「ソーシャルファームへの就労をめざしているか」の問いに，「はい」と回答した全事業所平均は 4.93 であるが，001 は 0 カウントでいない．「いいえ」と回答した全事業所平均より 001 は高い結果となっている．

（2）-3　002 のクロス集計（表4-12，図4-9）

　002 の性別では，全事業所平均より活力・熱意・没頭スコア平均が「女性」「男性」とも高い結果となっている．勤続年数では，全事業所平均よりおおむね高く，年数が重なるにつれて高い水準になっている．年齢でも，全事業所平均よりおおむね高く，「30 代」「40 代」が高い水準となっている．職場作業では，「製造」の全事業所平均と比べてみるとやや低いが，「販売」は同じ値となっている．「その他作業」は高い．他の事業所には「販売」はなく，「製造」のみのため，002 が平均を押し上げている可能性がある．障害区分では，「身体」はなく，全事業所平均より「知的」は高く，「精神」でも高い水準となっている．

表 4-12　002. 属性と UWES-17・3 因子の平均値

002		活力	熱意	没頭	平均
性別	女性	4.86	4.53	3.92	4.44
	男性	4.57	4.04	3.53	4.05
勤続年数	0〜5年	4.17	2.30	3.17	3.21
	6〜10年				
	11〜15年	5.93	4.61	3.89	4.81
	16年以上	4.81	4.37	3.86	4.34
年齢	10代				
	20代	4.17	3.90	3.67	3.91
	30代	5.00	4.92	4.07	4.66
	40代	4.67	3.75	3.38	3.93
	50代				
	60代				
職場作業	製造	4.54	3.95	3.25	3.91
	加工				
	販売	4.93	4.48	3.90	4.44
	農業				
	その他	4.58	4.60	4.33	4.51
障害区分	身体				
	知的	5.07	4.40	4.08	4.52
	精神	5.17	4.80	2.67	4.21
	その他				
一般就労をめざす	はい	4.50	4.00	3.17	3.89
	いいえ	3.92	2.30	3.08	3.10
	どちらともいえない	5.11	5.13	4.25	4.83
ソーシャルファームをめざす	はい				
	いいえ	3.92	2.30	3.08	3.10
	どちらともいえない	4.91	4.76	3.89	4.52

　「一般就労をめざしているか」の問いに，「はい」と回答した全事業所平均よりもやや低い．「いいえ」の回答も同様である．「ソーシャルファームへの就労をめざしているか」の問いに，「はい」と回答した全事業所平均は 4.93 であるが，002 は 0 カウントでいない．「いいえ」と回答した全事業所平均より 002 は低い結果となっている．

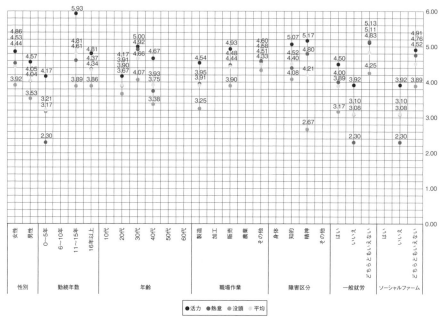

図 4-9　002 UWES-17 平均値クロス集計

（2）-4　003 のクロス集計（表 4-13，図 4-10）

　003 の性別では，全事業所平均より活力・熱意・没頭スコア平均が「女性」は低く，「男性」は高い結果となっている．勤続年数では，事業開始年の影響か，「5 年未満」「10 年未満」の利用者回答であるが，全事業所平均より「0〜5 年」は高く，「6〜10 年」はやや低い．年齢では，同じく「20 代」「30 代」の利用者回答であるが，全事業所平均より「20 代」はやや低く，「30 代」では高い水準となっている．職場作業では，「農業」では全事業所平均よりやや低いが，「その他作業」ではやや高くなっている．

　障害区分では，「身体」はなく「知的」の全事業所平均よりやや高く，「精神」はかなり低い．「一般就労をめざしているか」の問いに，「はい」と回答した全事業所平均よりもやや低く，「いいえ」の回答も同じくやや低い．「ソーシャルファームへの就労をめざしているか」の問いに，「はい」と回答した全事業所平均と 003 は 4.93 で同じであるが，「はい」の回答者は 003 のみであるため同一で

表 4-13　003. 属性と UWES-17・3 因子の平均値

003		活力	熱意	没頭	平均
性別	女性	3.67	2.95	2.75	3.12
	男性	4.29	4.94	3.05	4.09
勤続年数	0 ～ 5 年	4.29	4.94	3.05	4.09
	6 ～ 10 年	3.67	2.95	2.75	3.12
	11 ～ 15 年				
	16 年以上				
年齢	10 代				
	20 代	3.72	3.82	3.00	3.51
	30 代	5.58	6.00	2.67	4.75
	40 代				
	50 代				
	60 代				
職場作業	製造				
	加工				
	販売				
	農業	2.67	3.32	3.13	3.04
	その他	5.22	4.97	2.78	4.32
障害区分	身体				
	知的	4.59	4.58	2.89	4.02
	精神	1.67	2.60	3.17	2.48
	その他				
一般就労をめざす	はい	4.62	5.06	2.86	4.18
	いいえ	4.50	2.90	3.00	3.47
	どちらともいえない	1.67	2.60	3.17	2.48
ソーシャルファームをめざす	はい	5.22	5.80	3.78	4.93
	いいえ	4.50	2.90	3.00	3.47
	どちらともいえない	3.33	3.87	2.50	3.23

ある．「いいえ」と回答した全事業所平均は 3.46 で，003 は 3.47 とほぼ同一の値となっている．

（2）-5　UWES-17 活力・熱意・没頭平均値クロス集計

　問１の性別，勤続年数，年齢，職場作業，障害区分，一般就労をめざしている，ソーシャルファームへの就労をめざしている，7 項目の属性と問２のワーク

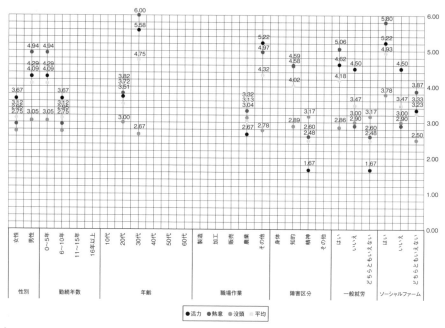

図 4-10　003 UWES-17 平均値クロス集計

エンゲイジメント（UWES-17）活力・熱意・没頭のスコア平均をクロス集計し
図 4-7，図 4-8，図 4-9，図 4-10，表 4-10，表 4-11，表 4-12，表 4-13，に全事
業所別，001，002，003，に整理して作成した．

5. 管理者対象ヒアリング調査の結果

　管理者対象ヒアリング調査の過程において，会話内容をメモにて記録した．よ
り確かにするために IC レコーダーで録音し，文字起こしをして遂語録にした．
会話内容の意図が不鮮明なところなど，後日の電話での確認も実施した．そうし
たヒアリング調査内容を要約文にし，各事業所，各問い別に整理した．調査結果
の内容は A 型事業所管理者ヒアリング調査集計表にまとめた（表 4-14）．

（1）　ヒアリング調査を行った３事業所のコメント

　全体では，2021年４月から報酬の改定により運営方針について考え直さなければならない状況にあると考慮しているが，３法人とも2021年３月以前と運営方針に大きな変化はないと答えている．しかし，現状維持ではなく改定には当然という考えもあり，これまでの努力に加え売上増進や障害者への支援，関係機関との連携の必要性や労働環境の整備等の改善は行うと答えている．

　一般就労をめざしてはいるが，現実には生涯就労型になっている．障害者やその家族がＡ型就労ができていることに満足をし，また，環境が変わることを望まないこともあり，一般就労ができる能力があっても一般就労につながらない現実がある．今後の課題ともいえる．このことは，Ａ型事業所だけの問題ではなく，一般企業の理解と連携をしっかりと取り組む必要があることを示してもいる．

　利用者の職場定着については，働く環境や仕事の内容を理解しないで就労してしまうと続かない原因になってしまう．個別の対応を大切にし，不満や不安を言いやすい環境づくりに気を配っている．

　Ａ型事業所利用者にとって支援員・指導員の役割は，大きな存在である．利用者と支援員・指導員がともに問題解決するために話し合い，意見が出せる環境づくりを意識している．職員が主体ではなく利用者が主体となるように，管理者は職員の意見や考えを聴き導けるように見守り，職員は利用者本人が自ら考え行動し，成功した喜びを持てるような職場づくりが理想である．

　今後のＡ型事業のあり方や展望については，事業の永続化は必要である．また，働く場だけではなく親亡き後の「住み家」の必要性も求められる．

　社会の中でＡ型事業として共存するためには，必要とされている労働力や労働量（時間）やバランスも考え，必要に応じて0.5〜2.0時間の短時間要請の仕事も行うことが今後は求められていくと考える．利益を上げ事業を継続することは，一般企業となんら変わりはなく，社員である利用者の生活を守るためには必要なことである．また，親亡き後の支援についても考える必要がある．いまは生活の主体は家庭であり事業所に通っているが，親が亡くなれば住む場所がなくなってしまう人もおり，仕事があっても生活ができない人も出てくるため，グループホームのような住む場所（生活の場）も運営する考えも示された．

表 4-14　A 型事業所管理者

質問 回答 （事業所コード：基本情報）	1. 事業所の運営方針で，2021年3月までと4月以降では，何らかの変更がありましたか．あればその要因と管理者としてのご意見や対策などについてお教えください．	2. 全Aネットの就労継続支援A型事業所全国実態調査報告書にA型事業所の運営方針では，「生涯就労型」「一般就労型」「ソーシャルファーム型」「その他」に分類されていますが，貴事業所の運営方針では，いずれに該当しますか．
001　<u>法人設立</u> 　　NPO法人 2008年5月 　<u>事業展開</u> 　　個人農営から始め 　　A型事業所のみ 　<u>経営状況</u> 　　赤字すれすれ 　<u>特記事項</u> 　　中四国で農福連携事業 　　第1号ケース	今回の改正後も，今まで通りの運営方針でやっていく．労働が基準となるものではなく，従来のA型らしいA型を望む．利用者の生活メリットを考えるグループホームをつくりたい．	一般就労をめざしているが，結局は生涯就労型となっている．一般就労へ送り出しても戻ってくる．中四国初めての農福連携の事業化であったこともあり，精神障害の人も馴染んで定着している．
002　<u>法人設立</u> 　　NPO法人 1999年3月 　<u>事業展開</u> 　　リネン事業が2事業所 　　内麺屋 　<u>経営状況</u> 　　コロナ禍で赤字 　<u>特記事項</u> 　　手に職を！ 　　早くから作業所取り組む	今回の改定後も運営方針は変わっていないが，改定には当然との思いもあるため，売上増進や障害者への支援，関係機関との連携は今まで以上に意識し，セミナーや研修に参加している．	一般就労移行型をめざしているが，現状は生涯就労型となっている．A型就労ができていることに満足し，環境を変えて一般就労に変更することを望まないことが理由にある．
003　<u>法人設立</u> 　　社会福祉法人 1988年4月 　<u>事業展開</u> 　　障害福祉施設・事業所 　　総合展開 　<u>経営状況</u> 　　黒字 　<u>特記事項</u> 　　岡山初のソーシャルファームをめざす	今回の改定後も運営方針に大きな変化はない．収支等は3年前から改善を図っているため，黒字化を達成している．時差勤務は柔軟に対応しているが，支援力向上や労働環境の整備等は改善を行う．	発足当初は「生涯就労型」であったが，一般就労へつながった方もおり，能力・適性や意欲により，一般就労もめざしている．

ヒアリング調査集計表 [6]

（調査日：2021 年 7 月 19 日〜 26 日）

3. 利用者の職業定着について，就労のしづらさ，働きづらいことが要因としてあげられていますが，管理者として職場の雰囲気づくりのテーマをお教えください．できれば理由もお教えください．	4. 職場の雰囲気づくりについて，利用者に対する支援員・指導員は欠かせない存在と思います．日頃の支援員・指導員の職務遂行にあたり，管理者として気を付けているところをお教えください．できれば理由もお教えください．	5. 最後に，今後A型事業所のあり方や展望についてご意見ください．できれば理由もお教えください．
働く環境や仕事内容を理解せず，就労してしまうことが，続かない原因の一つである．農業は自然相手の仕事であり，時には厳しい環境での労働でもあるが，障害者個々の対応を大切にしている．	机上の学習だけではなく，現場での小さな成功体験を大切にし，支援員・指導員をはじめ，働く人皆が知恵を出し合って，話し合いを行う．指導員と障害者の関係ではなく，信頼し合える関係が大切である．	親が亡くなった後の，居場所となるグループホームをつくり，A型就労で経済的に自立をめざす．A型事業所として地域で必要とされる労働力となるために，0.5〜2 時間くらいの仕事を行おうとする発想が，結果的にA型就労の継続につながると考える．
困ったことがあれば，職員，仲間に相談できるよう，明るく楽しく仕事ができるように心がけている．就労することが嫌になり辞める人はいなかったが，一般就労に移行できていない現状はある．	話を途中で中断せず，最後まで聞くことを意識している．本人が話すことは否定せず，答えを求められた時に答えるようにしている．利用者が表に立って，職員は裏方に徹する．利用者主体．	売り上げ向上と支援が比例してできること．働けなくなった時，親が亡くなった時にどうするのかということを，利用者本人が意識できる支援を行っていく．
利用者が持っている障害は多様である．個々の能力や適性も違い，その違いを理解することが支援につながっていく．「障害＝個性」と考え，利用者も職員もともに成長できる職場づくりを心がけている．	仕事の効率だけに捉われない．利用者を，その時の仕事態度のみで評価せず，長期的に見極める目を養うことが必要である．できないことばかりを指導していると，虐待につながってしまう．	利用者の将来を考えると，事業所の永続化が必要．事業所の軸となる事業を考えていきたいが，当面は施設外労働の展開をすすめていく．

5章 ソーシャルファームの可能性と課題

1. ワークエンゲイジメントの要因と就労支援の方向性

　本研究の調査結果による分析は，第4章における調査結果に収束され，以下，図5-1をはじめとする8つの図を精査することにより，分析の成果を示すこととする．

（1）利用者の（UWES）3因子（活力・熱意・没頭）の積算をグラフ化からの総合評価

　図5-1におけるUWES-17・3因子分類における平均値の積算では，縦軸にワークエンゲイジメントの活力・熱意・没頭の3因子のそれぞれ平均値と合計を示し，横軸に各事業所11名の個別No.を置き，合計値の高低を序列配置する右端に事業所平均を付けた図の構成である．なお，UWES尺度測定のハイスコアは6であるため，活力・熱意・没頭の3因子の総度数は18となることからスコアレベル18をピークとして縦軸に置いたものである．

（1）-1　母集団の人心を推測するため，UWES3因子スコア平均値の6～8割を中央値とみなし，14.4ポイント以上の8割を上回るハイレベル者について検証

　図5-1においてハイレベル者は，001事業所は1名，002では5名，003では2名で，33名中，計8名がワークエンゲイジメントの3因子について高い数値を示している．したがって，ワークエンゲイジメントの高い人は，仕事に誇りとや

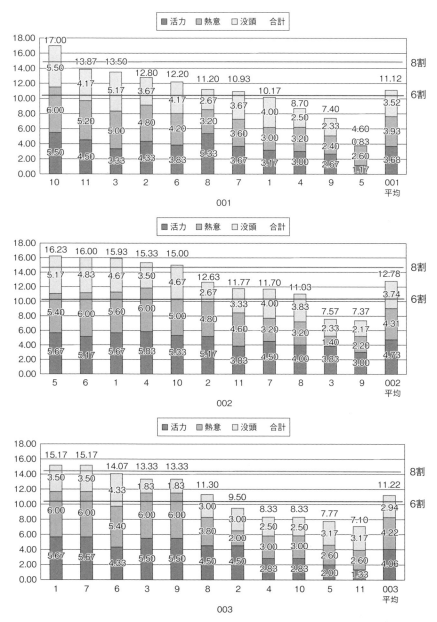

図 5-1　個別・各事業所　UWES-17・3 因子分類における平均値の積算 [6)]

りがいを感じ，熱心に取り組み，仕事から活力を得ていきいきしている状態にあるといえる．

　アンケート調査紙票の「問3仕事と生活の調和」「問4対人関係」「問5作業性」は，利用者と職員（指導員・支援員）が，病気など不安に思うこと，人との関わり方で作業や仕事のことなど会話する機会を増やすことに努めているか，コミュニケーションという行動がとれているかを調査したものだが，表4-2より抽出した表5-1において，ハイレベル者のコミュニケーションレベルスコア平均値を照合してみると高い水準にあり，ハイレベルにあるものは日頃より職員との会話の機会が多い．すなわち意思交換の能動・受動が足りていて，コミュニケーションという意思の疎通が完成されていることがわかる．これは，第2章で説明したワークエンゲイジメントのポジティブ感情によるポジティブコミュニケーション効果によって，日々くり返される職場でのさまざまなストレスに対し，どんなときでもコミュニケーションすることでストレスを打ち消し解消していることで，自身の向上性につながり高みをめざす良好な循環を形成できていることからだと考えられる．

　002の事業所では，他事業所に比べハイレベル者が多い．これを裏づける説明がある．それは，002の管理者ヒアリング調査のコメントに困ったことがあれば，職員，仲間に相談できるよう，明るく楽しく仕事ができるように心がけてい

表5-1　ハイレベル者のコミュニケーションレベルスコア平均値

		001	002				003	
	No.	11	5	6	1	4	10	1	7
問3 仕事と生活の調和	度数	11	15	7	9	1	14	9	11
	スコア平均値	3.66	5.00	2.33	3.00	0.33	4.66	3.00	3.66
問4 対人関係	度数	9	12	3	9	0	15	11	10
	スコア平均値	3.00	4.00	1.00	3.00	0.00	5.00	3.66	3.33
問5 作業性	度数	11	14	13	18	1	16	14	10
	スコア平均値	3.66	4.66	4.33	6.00	0.33	5.33	4.66	3.33
合計	度数	31	41	23	36	2	45	34	31
	スコア平均値	3.44	4.55	2.55	4.00	0.22	5.00	3.77	3.44
事業所 合計・平均値	度数合計	31	147					65	
	スコア平均値	3.44	3.26					3.61	

表 5-2　ローレベル者のコミュニケーションレベルスコア平均値

		001				002		003				
	No.	1	4	9	5	3	9	2	4	10	5	11
問3 仕事と生活の調和	度数	7	3	0	11	9	9	10	8	13	5	11
	スコア平均値	2.33	1.00	0.00	3.66	3.00	3.00	3.33	2.66	4.33	1.66	3.66
問4 対人関係	度数	7	6	0	7	12	12	11	10	9	10	12
	スコア平均値	2.33	2.00	0.00	2.33	4.00	4.00	3.66	3.33	3.00	3.33	4.00
問5 作業性	度数	8	4	0	8	0	12	13	8	12	11	10
	スコア平均値	2.66	1.33	0.00	2.66	0.00	4.00	4.33	2.66	4.00	3.66	3.33
合計	度数	22	13	0	26	21	33	34	26	34	26	33
	スコア平均値	2.44	1.44	0.00	2.88	2.33	3.67	3.77	2.88	3.78	2.88	3.66
事業所 合計・平均値	度数合計	61				54		153				
	スコア平均値	1.69				3.00		3.40				

ることが示されている．これは，相談というスキルの中に，職員，同僚を問わず，会話する機会が多く，コミュニケーションがとれていることで，仕事にワクワクしたり楽しみを感じたりする．そして，思考がより柔軟になり，新しいことを主体的に学び思考や行動の幅が広がり，いきいきとした職場や人間関係の形成につながるという生理的な面と思考や行動の面に効果が促進され，結果が表れてくる仕組みとなっていると認識できる．

（1）-2　10.8ポイント以下の6割を下回るローレベル者について検証

図 5-1 においてローレベル者は，001 事業所は4名，002 では2名，003 では5名で33名中，計11名がワークエンゲイジメントの3因子について低い数値を示している．

アンケート調査紙票の問3，問4，問5について，ローレベル者を表 4-2 より抽出した表 5-2 において，ローレベル者のコミュニケーション度合い平均値で照合してみると，比較的低い水準にあり，ローレベルにあるものは日頃より職員と会話する機会が少ない．すなわち意思交換の能動・受動が不足して，コミュニケーションという意思の疎通が完成されていないことが考えられる．これは，第2章で説明したポジティブ心理学のネガティブ感情によるものと考えられ，身を守るためのブレーキ役がそのたびに微妙に発動することから始まり，感情や態度

に出現する，心身の不調にコミットする，仕事での知識不足やスキル不足が不安やストレスにつながってネガティブ状態となっていることなどが認識できる．

　001と003の事業所では，ローレベル者が多い傾向にある．このことの要因としては，両事業所が取り組む農業という業務内容に影響するものと考えられる．

　農業は主に自然を相手にする仕事であるため，おのずから寡黙となり口をきかず，だまり込む状態でコミュニケーションの不調が身についたと推測できる．もしくは，自身がコミュニケーション力に不調を感じることから，口をきかなくてよい農業を仕事として選択しているのか，そこのところはこの調査結果からは説明することができない．いずれにせよ，コミュニケーションというスキルを含めた行動が，ワークエンゲイジメント・スコアに反映し，仕事の現場への影響を与えることが想定できる．

　002の事業所は，全体的に高い水準にあり，3因子の各平均値に反映している．しかしながら，高い水準値は信頼できるのか．本調査は，障害者の障害特性の等級レベルを測定する検査をしていない．そうしたことから，黙従傾向や誘導の影響など回答不可判定の対象者が含まれた調査結果となった可能性も否めない．また，利用者によっては，質問の内容をよく理解した上で，理想の自身を描き回答に反映することも考えられる．こうしたことは002事業所に限らず起こり得ることから，本調査での尺度測定および調査対象選定の限界を指摘しておきたい．

（1）-3　全事業所の3因子について比較

　3因子のそれぞれの比較ではあまり特徴がなく変わらない．熱意においては差が大きくなり，没頭においては振れが大きくなる傾向にある．ワークエンゲイジメントの3つの因子（活力・熱意・没頭）は，特定の対象，出来事，個人，行動などに向けられた一時的な状態ではなく，仕事に向けられた持続的かつ全般的な感情と認知であるため，全事業所の3因子について以下のように分析する．

　001および003は，農業もしくは農業に関連する作業の運営方針で事業所作業を展開している．両事業所の間に認められる差異は没頭に現れている．001は高い平均値，低い平均値と個別によりかなり較差があるのが見てとれる．003は大半の者がアベレージ3前後で平均値が近似している．これは，001は精神障害者

の利用者が多く，003 では知的障害者の利用者が多いことから由来するものと考えられる．つまり，精神障害のある人のワークエンゲイジメントの判定は，仕事に集中する気分が変わりやすく，事・時・物・人など対応にむらがあると考えられる．知的障害のある人のワークエンゲイジメントの判定は，フルスコア6に対し，アベレージ3程度の半減値ではあるが，比較的振れも少なく一定の仕事への集中があり，一つのことに熱中しやすい傾向にあることが考えられる．

（2）　勤続年数と UWES-17・3 因子分類

　図 5-2「勤続年数 UWES-17・3 因子分類における平均値の積算」では，縦軸にワークエンゲイジメントの活力・熱意・没頭の3因子のそれぞれ平均値と合計を示し，横軸に 1.「0 ～ 5 年」，2.「6 ～ 10 年」，3.「11 ～ 15 年」，4.「16 年以上」とした勤続年数を示した．1. に該当する度数は 13 名，2. に該当する度数は 9 名，3. に該当する度数は 5 名，4. に該当する度数は 6 名で計 33 名のクロス図である．

　勤続年数を「10 年以下」と「11 年以上」と比較してみると，勤続年数が短い

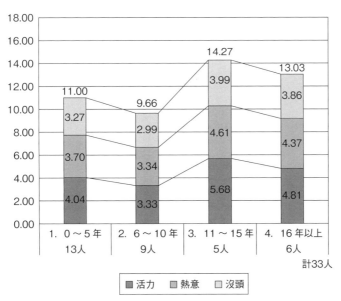

図 5-2　勤続年数　UWES-17・3 因子分類における平均値の積算

「10年以下」のグループに比べ，長い「11年以上」のグループのほうがワークエンゲイジメントが高いことが見てとれる．これは，仕事の継続が意思の継続につながり，自己の高まりが示されたと考えられる．一方では，表4-4を照合してみると，003は1.「0〜5年」が7名，2.「6〜10年」が4名，「11年以上」の勤続年数者が0名でいない．001は1.「0〜5年」が4名，2.「6〜10年」が5名，3.「11〜15年」が2名，4.「16年以上」が0名となっており，これらが平均値を引き下げていると思われる．表4-1「調査対象事業所の概要」で説明した法人のA型事業開始年にも由来し，仕事に対する作業性は長期間にわたり熟練されることにより作業効率の向上を示すことになり，勤続年数が短いほうより長いほうがワークエンゲイジメントが高く，安定的に仕事に向き合うことが見てとれる．

（3） 職場作業とUWES-17・3因子分類

　図5-3「職場作業UWES-17・3因子分類における平均値の積算」では，縦軸にワークエンゲイジメントの活力・熱意・没頭の3因子のそれぞれ平均値と合計を示し，横軸には職場作業にあたる種目を1.「製造」，2.「加工」，3.「販売」，

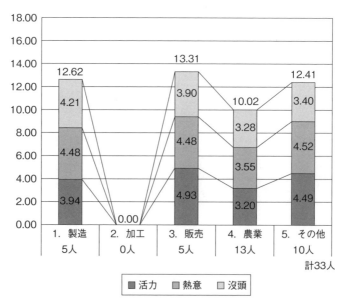

図5-3　職場作業　UWES-17・3因子分類における平均値の積算[6]

4.「農業」，5.「その他」に分類して示した．1.に該当する度数は 5 名，2.に該当する度数は 0 名，3.に該当する度数は 5 名，4.に該当する度数は 13 名，5.に該当する度数は 10 名で，計 33 名のクロス図である．

　本調査の食を含む農福連携の事業を運営する A 型事業所の職場作業の全景である．3.「販売」が高く，1.「製造」と 5.「その他」が続き，4.「農業」は 3 因子のバランスは良いが低い．他の 3 つはバランスが良く高い．これは，5 章 1.(1)-1 でも述べたように，会話やコミュニケーションという行動がとれていることに由来すると推認できるが，職場での能力開発を行う訓練による効果が大きく影響したことも考えられる．

　表 4-14「A 型事業所管理者ヒアリング調査集計表」の説明に訓練方法や状況など各事業所それぞれの独自性が見てとれる．

　001 では，小さな成功体験を大切に自分の仕事に責任を持てるようにしている．利用者の仕事の習得は，指導員からだけでなく，未熟者は熟練者に仕事を習う．支援員・指導員も皆で知恵を出し合い，話し合いをもって「和」を融合する．任せることができ，認め合うトレーニングをスキル化した訓練方法によってなされる．

　002 は，管理者自らのセミナーや研修のほか，明るく楽しく仕事ができるように傾聴・コーチングをくり返すトレーニング方法や，店長および接客でのコミュニケーションから気転を学ぶなど，状況に応じた成長に向かう積み上げ型の訓練方法である．

　003 は，支援力向上の設備や機具などのハード面と，仕事の効率だけに捉われずそのときの仕事の態度のみで評価しないよう，長期的に見極めるソフト面との両面で利用者の労働環境を整備する．特に科学的根拠に基づく運営に心がけている様子がうかがえる．第 3 章第 3 節「ソーシャルファームにおける障害者支援事例」で取り上げたように農作業全般で合理化された技術を習得できるよう誰にとっても安全で安心して使える農業機械の改良を，農研機構農村工学研究所との研究プロジェクトで考えられる．堅実性をめざす職能安定型の訓練方法である．

　ここで，3 事業所の機能訓練について考察すると，利用者が任される仕事に自信を持てるように訓練するには，利用者の仕事に対するトレーニングや学習内容

のプロセスを評価する．そして，継続されるトレーニングや学習の積み重ねから生み出す結果を重ねて評価し認める．それをくり返すサイクルをもち，コーチングを主とする手法に特徴があると考えられる．そうした積み重ねが，利用者のやる気や働きがいを生み出し，それが意思の継続となり，自己の成長を示しワークエンゲイジメントの評価に高く現れていると考えられる．

（4） 障害区分とUWES-17・3因子分類

　図5-4「障害区分 UWES-17・3因子分類における平均値の積算」では，縦軸にワークエンゲイジメントの活力・熱意・没頭の3因子のそれぞれ平均値と合計を示し，横軸に1.「身体」，2.「知的」，3.「精神」とした障害区分を示している．1. に該当する度数は1名，2. に該当する度数は22名，3.に該当する度数は10名で計33名のクロス図である．

　障害区分の母数が少ない「身体障害」は比較対象から除外して，母数が多い「知的障害」と「精神障害」を比較してみると，3因子ともバランス良く高いこととバランス良く低いことが見てとれた．「知的障害」が18ポイント中，11.76

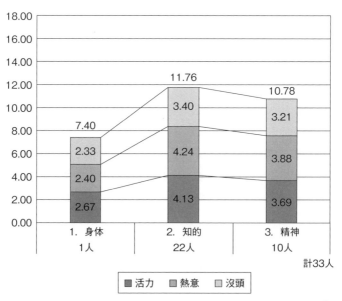

図5-4　3障害区分　UWES-17・3因子分類における平均値の積算[6]

ポイントと高い水準を示し，「精神障害」は 10.78 ポイントと，低いながらもそれに次ぐ値となっている．この図からは彼らの障害特性のみによるものか，他の要因によるものかはわからないため，さらに探求を進める．全事業所の作業や役割について，わかりやすくするために，製造・販売およびその他ヒアリング調査によって含まれると思われる，梱包・配達・出荷・ホール担当・レジ打ち，施設外就労などを農業ではない部門と捉えた分類として，農業部門および非農業部門と位置づけた．その部門別に利用者の心象を把握するため 3 因子ならびにその積算値を，知的障害区分と精神障害区分のそれぞれに分けて評価する図 5-5 および図 5-6 を作成した．

（5）　知的障害区分の農業部門と非農業部門 3 因子ならびにその積算

図 5-5「知的障害区分農業部門と非農業部門 UWES-17・3 因子分類における平均値の積算」では，縦軸にワークエンゲイジメントの活力・熱意・没頭の 3 因子のそれぞれ平均値と合計を示し，横軸に 1.「農業部門」，2.「非農業部門」を示した．障害区分における母数は異なるが，1. に該当する度数は 5 名，2. 該当

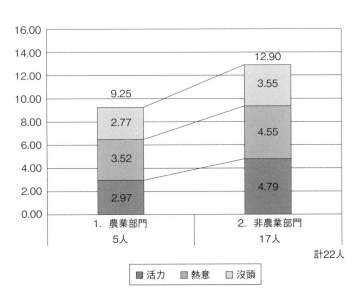

図 5-5　知的障害区分　農業部門と非農業部門　UWES-17・3 因子分類における平均値の積算 [6)]

する度数は17名で計22名のクロス図である.

　知的障害をもつ22名のうち,「農業部門」の仕事に就く5名と「非農業部門」の仕事に就く17名を比較してみると「非農業部門」が3因子のいずれも1ポイント程度高いことで, 12.90ポイントとワークエンゲイジメントが高くなっている. それに比べると,「農業部門」の9.25ポイントは低く見てとれる. このことは, 販売が高く製造およびその他が続き, 農業が低いということの要因が反映しているものと考えられる（90頁参照）. ここでの要因はコミュニケーションという行動の中に, 人とのコミットメントが仕事に影響されるということである. それも,「気づき」,「発想」,「機転」の切り換えがスムーズに行われている, 取り組む仕事に適正に活かされているトレーニングのプログラムの結果と認識できる. 002事業所の管理者対象ヒアリング調査で, 追加の電話対応での回答の中に「看板むすめのAさんは, 知的障害を乗り越えて, 機転の良さで接客担当をしてもらっているが, アンケート調査の当日は体調不良でお休みでした」とのコメントで, 管理者はAさんの優れた才能を調査してもらえず, 残念だったことを申し加えた. 話題や課題の切り換え, スムーズな発想転換が, コミュニケーションという行動に反映してワークエンゲイジメントへの高い影響力となっていることがわかる.

（6） 精神障害区分農業部門と非農業部門3因子ならびにその積算

　図5-6「精神障害区分 農業部門と非農業部門 UWES-17・3因子分類における平均値の積算」では, 縦軸にワークエンゲイジメントの活力・熱意・没頭の3因子のそれぞれ平均値と合計を示し, 横軸に1.「農業部門」, 2.「非農業部門」を示した. 障害区分における母数は異なるが, 1. に該当する度数は7名, 2. に該当する度数は3名で計10名のクロス図である.

　精神障害をもつ10名のうち,「農業部門」に就く7名と「非農業部門」の仕事に就く3名を比較してみると,「農業部門」は3因子がバランス良く高いが,「非農業部門」は没頭のポイントが低く, 熱意のポイントが高い. 全体では,「農業部門」が12.47ポイントで「非農業部門」より1ポイント程度高い. このことは, 両事業所が取り組む農業に影響し, 寡黙を好みコミュニケーションの不調を起こしやすいという性格に対応する評価であって,「農業部門」にワークエンゲ

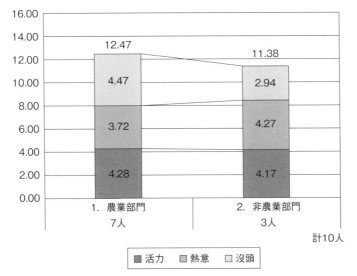

図 5-6　精神障害区分　農業部門と非農業部門　UWES-17・3因子分類における平均値の積算 [6]

イジメントの効果を期待できる結果と考えられる.

（7）　一般就労をめざしているかの３因子ならびにその積算

　図 5-7「一般就労をめざしているかの UWES-17・3 因子分類における平均値の積算」では，縦軸にワークエンゲイジメントの活力・熱意・没頭の３因子のそれぞれ平均値と合計を示し，横軸には A 型事業所の就労から一般企業への就労をめざしているかの問いに答えた 1.「はい」，2.「いいえ」，3.「どちらともいえない」を示した．1.に該当する度数は 11 名，2.に該当する度数は 10 名，3.に該当する度数は 12 名で計 33 名のクロス図である.

　一般就労をめざしているかの問いに，「はい」の回答では活力が高く，熱意は合計 12.69 ポイントで３つの回答の中で最も高い．「いいえ」の回答は 10.77 ポイントで「はい」よりも１ポイント程度低く,「どちらともいえない」の回答では 10.05 ポイントで,「いいえ」に比べさらに１ポイント程度低いことが見てとれる．A 型事業所は一般就労に向けての訓練の場であるから，仕事に誇りとやりがいを感じ，熱心に取り組み，仕事から活力を得て，いきいきとしている状態を

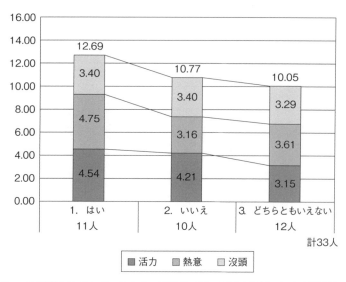

図5-7　一般就労をめざしているかの　UWES-17・3因子分類における平均値の積算

めざしているため，ワークエンゲイジメントが高く現れると考えられる．「いいえ」と「どちらともいえない」が，ほぼ同レベルで「はい」に比べて低い．これは，すでに第4章で述べた表4-14　A型事業所管理者ヒアリング調査集計表や基となるヒアリング調査による管理者のコメントが裏づけとなるものと考えられる．

　それは，一般就労へ向けての訓練であったが，A型事業所での就労作業が心地良くなじんでいるため，一般就労をめざさない．もしくは，不安・抑うつ・怒りなどの心理的ストレス反応や身体の不定愁訴を抱えるなど，就労する意欲に減退する要因がある場合が多いことからも，ワークエンゲイジメントが低いことと認識できる．

（8）　ソーシャルファームへの就労をめざしているかの3因子ならびにその積算

　図5-8「ソーシャルファームへの就労をめざしているかのUWES-17・3因子分類における平均値の積算」では，縦軸にワークエンゲイジメントの活力・熱意・没頭の3因子のそれぞれ平均値と合計を示し，横軸にはA型事業所の就労

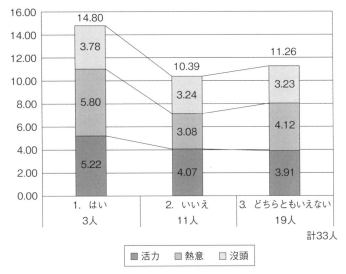

図5-8　ソーシャルファームへの就労をめざしているかのUWES-17・3因子分類
　　　における平均値の積算

からソーシャルファームの企業への就労をめざしているかの問いに答えた1.
「はい」，2.「いいえ」，3.「どちらともいえない」を示した．1. に該当する度数
は3名，2. に該当する度数は11名，3. に該当する度数は19名で計33名のク
ロス図である．そもそもソーシャルファームをめざしているかの問いに「はい」
と回答するには，ソーシャルファームが何であるかを知っておく必要があり，第
4章で述べた表4-1から，以下のように説明することができる．

　003の事業所では，岡山初のソーシャルファームをめざした就労支援事業を展
開しており，日頃よりソーシャルファームの価値観に触れる能力開発の訓練や管
理者の運営方針による指導方法が取られている．そのため，利用者もソーシャル
ファームについての自らの考えが身についていたからの結果といえる．

　本調査の母数が少ない中，ソーシャルファームをめざしているかに「はい」と
回答したのは3名，「いいえ」と回答したのは11名，「どちらともいえない」に
回答したのは19名であるが，「はい」と回答した3名のワークエンゲイジメン
トは，14.8ポイントと高いことが見てとれる．先の第2章で説明したとおり，喜
び，興味，熱心さ，愛情，誇り，満足などのポジティブな感情が，思考や行動の

範囲を拡張し，物理的にも，知的にも，社会的にも，心理的にも持続的に形成される力を備えているものと考えられる．つまり，仕事でワクワクしたり，楽しみを感じたりすると，思考がより柔軟になり，新しいことを主体的に学ぶようになり，思考や行動の幅が広がるという良い循環が始まる．「はい」と回答した3名はソーシャルファームについて，そのような循環を体感したといえる．一方で「いいえ」「どちらともいえない」と回答した30名は，聞いてはいたがやる気がない，もしくはソーシャルファームの就労支援の訓練を受けていてもなじんでいない，または異なる方向性を希望している者が多いと考えられる．また，事業所においてもソーシャルファームの形態そのものを運営方針に取り入れたり，話題にすることがないことから，利用者にはソーシャルファームとは何かということが伝わることがなかったため，ワークエンゲイジメントの低さに反映したものと考えられる．

（9）　段階的調査の総合分析と考察

　本研究の調査結果による分析と考察から，利用者のワークエンゲイジメント3因子（活力・熱意・没頭）のスコア平均値と積算をグラフ化した評価と管理者ヒアリング調査で得られた評価を重ねた総合評価を試みた．

　注目するのは，利用者の職場作業と障害区分とワークエンゲイジメントの比較である．図5-3「職場作業UWES-17・3因子分類における平均値の積算」では，縦軸にワークエンゲイジメントの活力・熱意・没頭の3因子のそれぞれ平均値と合計を示し，横軸には職場作業にあたる種目を「製造」「加工」「販売」「農業」「その他」を示した，対象となる就労継続支援A型事業所の全利用者33名のクロス図である．これは本調査の食を含む農福連携の事業を運営するA型事業所の職場作業の全景である．ワークエンゲイジメントの高い人は，仕事に誇りとやりがいを感じ，熱心に取り組み，仕事から活力を得て，いきいきしている状態であるといわれている．「販売」の種目が高く，「製造」と「その他」が続き，「農業」種目は3因子のバランスは良いが，全体のスコアが低いことが見てとれる．他の3種目はバランスよく高い．表5-1「ハイレベル者のコミュニケーションレベルスコア平均値」および表5-2「ローレベル者のコミュニケーションレベルスコア平均値の分析」において，当事者のコミュニケーションレベルの変数関係に

スコアは正比例するものである．また，管理者ヒアリング調査集計に示された要因には，利用者のコミュニケーションスキルがワークエンゲイジメント・スコアに反映されていることが想定できる．ここでのスコアの高さは，できるだけ会話して，コミュニケーションがとれていることに由来すると推認できるが，職場での能力開発を行う訓練による効果で影響されたということも考えられる．コーチングを手法としたトレーニングの継続や学習の積み重ねから生み出される結果として，利用者のやる気や働きがいが生まれ，自己の成長が見られることによって，ワークエンゲイジメントの評価が高く現れていると考えられる．

　障害区分とUWES-17因子分類の評価では，図5-4「3障害区分UWES-17因子分類における平均値の積算」において，身体・知的・精神の障害区分を分析して計33名を比較した．ここでの評価は障害特性によるもので，障害区分の母数が少ない「身体障害」を対象から除外し，母数の多い「知的障害」と「精神障害」に分類した．さらに，職場作業の5つの種目を比較するために，農業部門と非農業部門に分け，図5-5「知的障害区分　農業部門と非農業部門UWES-17・3因子分類における平均値の積算」と，図5-6「精神障害区分　農業部門と非農業部門UWES-17・3因子分類における平均値の積算」の図を用いて分析してみた．

　この2つの図から，知的障害を持つ人は「非農業部門」に，精神障害を持つ人は「農業部門」にワークエンゲイジメントが高く表れていることがわかる．現段階では，作業区分の適応性など詳細を割り出すまでには至らなかったが，障害区分と作業の適性の特長付けの糸口を見出したといえる．

　以上の結果より，障害者のスキルアップにつながる就労支援のあり方には，得意の作業を見出し業務に就かせ，支援を必要とする「障害者」を中心に考え，福祉分野と農業分野を総合する専門知識を備えるコーチング中心のコミュニケーションや支援体制を整備すること，そして，当人の自信につながる「強み」や「判断力」を養う環境への配慮が重要と考えられる．

2. ソーシャルファームの働き方による就労支援

（1） ソーシャルファームの働き方による就労支援の形態

　ソーシャルファームの働き方による就労支援体制が整った「働く場」では，ワークエンゲイジメントを活用したポジティブメンタルヘルスの心理面での配慮が充分に整備されることが必要とされる．同じく，作業性を向上させる技術面での配慮とその仕組みが充分に整備されること．この2つが重要であり，新たな就労支援の軸となる．

（2） ソーシャルファームの具現化に向けて〈働き方・休み方〉

　障害者がともに働いていくためには，仕事の選択やアクセスという行動が自由になるための配慮が必要である．自分らしい適切な仕事に出逢い，自由選択や意思決定ができる配慮環境の存在が望ましく，その就労から生み出される働きがいは自己を高め，社会への参加を継続する意思につながり，共生社会の一員としての自分を実感できるものと考えられる．一方では，障害特性によるストレス特徴や心理的影響および職場環境など要因は多様であるが，働きづらさへの配慮事項として働き方・休み方改善についても考慮されたい．

　ポジティブ・ネガティブの心理面の要因ともなるリカバリー経験（休み方）と「働きがい」との関係性について，「心理的距離」「リラックス」「コントロール」「熟達」といったリカバリー経験（休み方）ができている場合には，仕事中の過度なストレスや疲労を回復させ，後日再び就業する際に，働く方のワークエンゲイジメントや労働生産性の向上を実現させる可能性がある．

　リカバリー経験には，「心理的距離」「リラックス」「熟達」「コントロール」といった4つの種類がある．リカバリー経験は，精神的ストレスや身体的疲労を軽減し，ワークエンゲイジメントや仕事のパフォーマンスを向上させる．こうした効果は，「労働強度が高い人手不足企業」において相対的に強い可能性があり，従事者がリカバリー経験（休み方）をできるように，さまざまな支援を講じていくことが有用だと考えられる．障害者の雇用や就労についても同様な関係性が示唆されることから，重要な課題として対策を忘れてはならない．

　第3章でソーシャルファームにおける障害者支援において説明したとおり，障害者が働くための理想の職場形態は，企業ポリシーとガバナンスを備えた社会的企業の一つとしてのソーシャルファームである．日本のソーシャルファームに欠けている財源の担保を，ヨーロッパのソーシャルファームに習い，手厚い公費を求める手段と，社会参加とともに働き収入を得ることの2つがある．この2つを主題とする働き方で，ソーシャルファームによる新たな就労支援の方法を提示する．そして，地域のさまざまな企業と連動する活動を企画し，あえて言えば世の中のためになるソーシャルファームの実現をめざしたい．それは，非障害者との競争原理に勝る手段・手法を備えた就労支援の形態である．その職能空間は，障害者の心身にもたらす良い効果を持続し循環させる力を与え，自身の未来像を描く契機を与える場になると考えてやまない．

（2）-1　心理面での配慮事項について

　第5章第1節では，人びとが「働く場」での人間関係は，良好な状態望ましいが，ワークショップのポジティブコミュニケーションはその良好な状態を引き出すことができるか否かを，ワークエンゲイジメント（UWES-17）で割り出すことに焦点をあてた．

　①　「会話」「コミュニケーション」の心得

　「会話」「コミュニケーション」は相手があって成立する．先に述べたように，コミュニケーションという行動の良好さは，人とのコミットメントする要素としての「気づき」「発想」「転機」に大きく影響すると考えられた．すなわち，よく気がきく，気働きができるという「気」に関係して，その「気」をやり取りする行動こそが仕事にエンゲイジさせ向上心に目覚めさせることになる．反面，筆者は一般的にいう東洋医学を扱うことから付け加えると，上記の過程が陽であるなら，相対する陰である不調を示す悪もあることを示しておかなければならない．こうしたことについては，島津明人（島津 2014）がワークエンゲイジメントの機能について以下のように説明している．

　「人のコミュニケーションという行動の中に，良い印象，良い雰囲気を感じると，その感覚は次々に伝播してクロスオーバーの現象を起こし蓄積する．それぞれがともに相手の立場に立つ視点を持っている場合にはクロスオーバーが生じや

すく，それぞれが相手の立場に立つ視点を持っていない場合にはクロスオーバーは生じにくい」．

　要するに，ワークエンゲイジメントは，仕事の資源や個人の資源によって高められ，その結果，心身の健康，仕事や組織に対するポジティブな態度，仕事のパフォーマンスにつながる．つまり，ワークエンゲイジメントが，仕事の資源や個人の資源とさまざまなアウトカムとの関係を媒介している．これは，仕事にエンゲイジすると，その影響はその人だけにとどまらず，別の人にも「伝染する」ことが知られている．ある人がいきいきと仕事をしていると，周りの人もいきいきと仕事をするようになると説明している．

　②　「認める」「任せる」「評価する」の心得

　「認める」「任せる」「評価する」のワードについて，『ワーク・エンゲイジメント－ポジティブ・メンタルヘルスで活力ある毎日を』（島津明人）に紹介された言葉がある．「やって見せて　言って聞かせて　やらせてみて　ほめてやらねば人は動かず」である．これらを解釈してみると「やってみせ」は自分が良いモデルとなって行動を起こす，「言って聞かせて」は仕事の重要性や意義をきちんと伝える，「させてみせ」は仕事を細分化し難易度の低いものから高いものへと少しずつステップアップして成功する可能性を高めることである．「ほめてやらねば」は望ましい行動に対してポジティブなフィードバックを提供する．このようなコーチング力なしには人は動かじという至言である．ポジティブに対し，ネガティブもあり，いつも叱ってばかりいると，どうしたら叱られないようにできるかばかりを考え，失敗をおそれ，失敗するリスクが高まり，かえって叱られる可能性を高める．

　言葉は，さらに続き「話し合い，耳を傾け，承認し，任せてやらねば，人は育たず」とある．これは，コミュニケーションという話し合い・傾聴の大切さとともに，機転をきかせて調整するマネジメントする力を，承認して任せることで成長を促すことの教えであろう．

　結びの言葉は「やっている，姿を感謝で見守って，信頼せねば，人は実らず」とある．良い仲間，良い人材の育成には，「コーチング」「コミュニケーション力」「マネジメント力」を養成し，一つひとつていねいに怠りなくくり返し「やってみせる」ことが必要で，それによって人は成長し，人として「実る」こ

とを示したのである.

　そして，島津明人はどのようにほめるのかを行動科学の観点から，（1）誰が，（2）何を，（3）どのように，（4）いつの４つのポイントがあると述べている. 筆者は，そのポイントが起点となり，自発的な行動を生み，自ら進んで成し遂げる，いきいきと働くことになると想定している.

　このように，利用者が感じ受け取る心象に働きかける支援者のたゆまぬ努力と行動が実を結び，心理面でのエキスとなっているのだと思われる.

（２）-2　技術面の配慮事項とその仕組みについて

　まずは技術支援者が活動する際に必要となる社会の仕組みや構図，障害者の労働力を理解する必要がある.

　作業別にそれぞれの生産活動の特徴・必要とする労働力の内容と程度，周辺産業とのつながり，社会コミュニティとのつながりなど基本的な考え方として，利用者の安全確保，利用者への声掛けの仕方，作業の意味の理解のさせ方，人員配置の工夫，相応した質で期日までに成果を達成する工夫の技能支援力などを身につけるための学習と実施経験が必要となる.

　①　障害特性と職業的理想

　3障害の概念を知り，特に知的障害，精神障害，発達障害などの一般的特性を知り，心身機能の状態と要因，特性を踏まえた一般的支援方法と職業的課題，精神疾患等と服薬・体調コントロールなど基本的な配慮事項を知り備える.

　②　障害特性に対応した作業支援の技術

　作業実施の際に必要となる障害者の体調管理，身支度チェックは欠かせない. 作業手順の説明や声掛けのやり方は主にコーチングで行う. 作業において必要な道具，治具は障害者と支援者で話し合って適正なものを用意する. 作業上で必要な機器，装置の使用説明は入念に行う. 照明・換気・室温など作業環境の整備，作業上の人員配置の工夫に心掛ける.

　③　作業における作業細分化，作業割当の技術

　技術的配慮に加えて，特殊装置や機具の使用にあたり，作業工程の細分化および注意配分数，巧緻性，危険度等に着目した難易度を設定し，障害特性に応じた作業割振りの技術が肝要となる.

農作業を行う農営体の技術的配慮には，農作業の流れについて支援者の理解が必要とされる．1年を通した農作業に関する一連の過程の意味や行程時期等に農業従事者が用いる道具や農業用機械の操作方法，肥料や農薬に関する基礎知識がある．また，障害者が関わる農業経営の実務として，障害者に適した作物や農法，障害者に割り振れる作業の選択，損益分岐点売上高の把握と固定費・変動費の削減，ハウスや農業用機械の減価償却，障害者が農業経営に関わることの留意点，農業会計処理の基礎などがある．上記の技術的配慮を行うことは，障害者の作業効率を向上させ自己実現に向かうというソーシャルファームの目的にとって必須のものである．

（3） ソーシャルファームの可能性と展望

ヨーロッパ発祥のソーシャルファームのあり様は，精神障害者の「働く場」の創出を起源として，障害者と非障害者がともに働き，市場原理に基づいた社会的包摂に結ぶ事業を行う企業体である．その構成として，就労，就労継続を中心として担当するソーシャルファームの事業所がある．これは，日本の就労継続支援事業所に相似する．初期リハビリテーション，継続リハビリテーションを担当するリハビリ事業所は，日本のリハビリテーション医療機関とハローワークの職業リハビリテーション機関に相似している．基礎教育，専門教育Ⅰを担当する職業能力教育事業所は，日本の高等特別支援学校の一般就労をめざす職業教育に相似している．専門教育Ⅱ，職場実習を担当するソーシャルファーム実習会社は，日本の就労移行支援事業所の一般就労をめざす，知識・能力の向上，実習，職場体験教育に相似している．それぞれの機関が機会と社会的システムを連携して対応し，誰もがソーシャルファームに取り組める支援体制を創出したものである．障害者の自立生活の実現をめざすには，「働きたい」という熱望に応え，人間の本質である働く機会を創ることである．

障害のある人が働いていくための行動が自由になる配慮が必要であるが，日本では，行政審査によって，ソーシャルファームの展開であろう就労継続支援事業所や就労移行支援事業所の設立を決定する．

それが故に，ヨーロッパのソーシャルファーム推進を担うコンサルティング組織を模範とした日本の組織を構築するためには，日本の社会保障の一環とした制

度に担保される組織化が重要と考えられる．この組織形成には，高い公共性が求められるが，行政機関のみの関与では，ソーシャルファームの本質を貫くのは難しいと考えられる．行政関与は共同体の一役に置き，産業界（民間企業），学校（教育・研究機関），官公庁（国・地方自治体），民間（地域住民・NPO），金融（地方銀行・投資），言論（地方メディア・情報）のセクターの集合と連携で，知識・情報・技術・開発の進展を図る．そうした，産・学・官・民・金・言の各セクターとアクターの共同体を組織化する必要がある．これらの活動は，地域社会の変化とともに，多様化・複雑化する社会の課題が山積する中で，人間が人間らしく仕事ができる「働きがい」のある職場環境づくりの礎となる．

　このようなソーシャルファームの事業推進は，ミクロからメゾ・マクロへ向けたコミュニティソーシャルワークの実践とつながり，日本の地域共生社会の事業推進にも重なる．それは，国際的開発目標であるSDGsの日本の取り組みを事例化するものとなり，その社会的資本は「誰一人取り残さない」社会づくりの一環を担うものと展望される．

終 _章 本研究の到達点
― 生産活動事例の展開と展望 ―

1. 本研究の知見

　日本のワークエンゲイジメント研究の先駆けである島津明人の論考には，いまだ障害者を対象とするワークエンゲイジメント研究はされていないに等しいと述べ，産業心理学において，ポジティブ思考の支援を通じて，人のメンタルヘルスに貢献するワークエンゲイジメントの考えを社会に役立ててほしいと唱えている．

　筆者が捉えたポジティブ心理学に誘導されたコミュニケーションという行動は，心身がふれあう「社会的交流」の場において，「touch」の感覚だけでなく，感情の共振共鳴作用「シンクロニシティ」という心の共振現象である「共感」につながり，その感情の揺らぎは伝播して結果の善し悪しにかかわらず「一蓮托生」，相手や仲間と行動や運命までも共にすることになる．世の中のネガティブな事象を転じてポジティブへの選択は「勇気ある行動」であり，それに集中することは「共感」する仲間の存在が必須となるが，その柱となる「心柱」は「自ら」始まり自ら樹立するものだと考えられる．

　本研究の調査結果の分析データと考察から浮かび上がることは，ポジティブ思考のコミュニケーションや支援体制に努める程度がワークエンゲイジメントの数値に表れているということである．職への希望，仲間への期待，生産物へのこだわりなど働いているという実態と働きたいという意思の表れが強いほどに，ワークエンゲイジメントの数値が高く示され，幸福感を感じていることがわかる．

　精神障害のある人の農業部門の利用者は，つくり出す生産そのものにコミット

し，寡黙であっても生産や生産物に喜びを見出すことができる．

　知的障害のある人の非農業部門の利用者は，賑わいをつくり出す生産過程そのものにコミットし，幼心であっても生産過程や見栄えに喜びを見出すことができる．

　知的障害，精神障害，それぞれの人によって，物事に対する関わり方が異なる．つくり出す物事に対しての好奇心も異なる．そうであっても，両者ともつくり出す物事に輝くものを発見する．そして，つくり出す物事が社会に出ることに大いに感心を寄せる．それが働きがいとなる．

　地域共生社会の資源開発の観点から，高齢，障害，子育て，貧困などの問題解決に向け，生産活動を進めるにあたっては，ワーカー自身が地域の中にある社会資源の一つであることの自覚が必要である．

2．生産活動の実践例

　社会資源を開発する生産活動の事例として，次の4つをご紹介したい．

（1）　出向型と受入型法人の設立経緯と活動様態

　ノーマライゼーションの理念の下，障がい者の働く場は社会参加から就労への考えに移り，さらに一般就労に向け，民間企業や公的機関へ開かれて久しい．しかしながら，障がい者の雇用状況は法定雇用率をほぼ達成している公的機関に比べ，民間企業は法定雇用率に達せず1.92%であり，法定雇用率を達成した企業は48.8%で依然として半数に満たない状況である（障害者雇用の現状　内閣府『平成29年版障害者白書』抜粋）．

　今後，人材・設備・資金にも計画的に実績を構築できる大企業ならびに準大企業・中堅企業などは法定雇用率を達成する可能性は高いが，理解はあっても諸々の条件を満たすことができない中小企業および小規模企業が達成するには相当の努力が必要と考えられる．また，受け入れたくも経済的にも設備的にもさらには心理的にも余裕がなくてできない理由は多々ある中，打つ手はないのであろうか．一つの手法として，障がい者雇用を後付けではなく，当初から「受け皿」としての職場づくりをソーシャルキャピタル「ともに働く」として創出する，その

取り組みの概要を紹介する.

① 設立の経緯

1980年代,福祉分野では施設入所中心の施策に地域福祉を加えての展開が始まっていたが,1987年頃の制度では,居宅で生活する高齢者の要支援程度で要介護でない者は保健・福祉制度から漏れ,地域の奉仕・ボランティア活動に頼るほかない状況であった.NPO法人桃太郎ハンズならびに社会福祉法人生き活き館は在宅福祉・在宅サービスという言葉が定着した今でも,高齢者の介護福祉に対する在宅志向の理念を実践するため,「在宅福祉型:出向いて行き,気配り・目配り・手配り,転ばぬ先の杖をモットーとする(出向型)法人」と「施設福祉型:居宅・施設・地域の壁を取り,バリアフリーの施設づくりをめざす(受入型)法人」に分け,居宅というワードを重視し,福祉ニーズと福祉サービスの実際の温度差・地域格差是正を目標に,岡山県内6市22ヶ所の拠点を設置してきた.

② 活動様態

岡山県内に活動拠点を置く2つの法人グループの事業名ならびに事業の内容と活動様態を示す(表1).とりわけ表内最下行の職業能力開発または雇用充実支援については注視してもらいたい項目である.障がい者・高齢者・若者たちの働く場の創出や地域づくりとして,人・社会・環境・地域に経済活動や消費活動に影響し得る実践活動といえる。

表1　特定非営利活動法人および社会福祉法人の事業

事業の名称	事業の内容
介護保険	要支援・要介護認定を受けた方への介護サービス高齢者福祉
高齢者福祉	心身の健康保持や生活安定に向けた支援や措置
ボランティア	地域の共助・自助活動促進とボランティア精神,リーダーシップの育成
環境学習	環境保全活動,美化運動を行う中での共生理念と環境教育
健康増進	心身の健康に向けた介在療法,機能訓練や健康講座の開設
まちづくり促進	子供,大人,高齢者・障がい者等の壁のない地域コミュニティの構築支援
福祉型住宅	福祉ニーズの高い境遇にある方への低額住宅供給
職業能力開発または雇用充実支援	資格取得・就労希望者への支援ならびに雇用創出に向けた実践活動

③　2009 年 厚生労働省障害者保健福祉推進事業

障害者自立支援調査研究プロジェクトを終え，2014 年には 2010 年より麺づくりを開始していた（株）あいフーズの支援を受け，食品・接客の視野での試みとして就労継続支援 A 型店舗「Menya Pho」を開設することとなった．

④　就労継続支援 A 型店舗

「Menya Pho」は NPO 法人桃太郎ハンズが運営するが，（株）あいフーズ協力の麺製造工房では高齢者雇用の側面から，高齢者の経験・知恵を活かした作業性効率と障がい者の一定化されたマンパワーの作業性効率等，個々の特長を活かした職場づくりを提供している．障がい者一人ひとりの個性や特長を引き出し，役目役割の提案から実際に至るまでのシミュレーションからトレーニングの日々の成果と，日常生活から働く喜びとなるまでのケアラーとなって支援する．

⑤　高アミロースの米 100% の麺

麺好きの日本人にとって米麺のフォーは農研機構西日本農業研究センターによる高アミロース米の育種成果により製造可能となった麺である．食の欧米化により米離れの日本人ではあるが国際的には日本食が見直され，特に米はダイエットや健康に良いと評されている．また，水田施策の一環として米粉の普及にも力が入る（表2）．

⑥　障がい者雇用

障がい者の就労や雇用に際しては雇用差別の禁止や合理的配慮を実践するため，障がい者との関わりや障がい者を受け入れる共生理念・就労方針・職務分掌・評価指針等が必要とされる．障がい者の個性や特徴を特長に助長する設備や

表2　米粉麺を提供する店の紹介

岡山県内でホームヘルパー，介護付有料老人ホーム等高齢者・障害者福祉事業を展開している NPO 法人桃太郎ハンズは，2014 年 10 月に障がい者雇用の一環として米粉麺を提供する店「Menya Pho（メンヤフォー)」をオープンした。

米粉はそれのみでは，麺になりにくい性質があるが，試行を重ね米粉 100%，添加物なしでコシのある切れにくい麺を開発した。

現在は新潟県産高アミロース米を使用しているが，将来は岡山県産を使用する見込みである．

参考文献　中国四国農政局　生産部
ココねっと通信 No.98（2014 年 12 月 19 日）

図1　障害者の調理・接客

機械・備品は安全性・機能性・利便性を保持し，生産工夫も必要である．

　また，障がい者にも従事者として責任・役割をもたせることが職務能力の向上につながり，社会的にも人間的にも成長をきたす（図1）．つまり，興味・行動・評価の順で働くことにやる気を生み，成果による価値と勤労の喜びを知り，地域や小組織・チームの社会的交流の中で生きる力を生み出す．障がい者・高齢者・若者たちや地域の人々に対し，当初から「受け皿」としての職場づくり，すなわち「場の創出」を目的とし，雇用の拡大を図りつつある．

（2）　米100％の麺製造法に関わる技術の留保と障がい者の役割

　障がい者雇用，働く場を2013年に就労継続支援A型事業所「Social Firm 玉野田井」に拠点化した．「ボランティアは学術ではなく自ら進んで成し遂げる実践活動にある」を念頭に玉野市ボランティア活動研修センター（玉野市委託事業）を立ち上げ，ボランティアリーダー研修・ボランティアマスター研修の2つのコースをセンター内で学習する．マスターコースでは大学等の教員養成コース本科の単位補助プランとして，小中学校義務教育総合学習のボランティア体験学習を教員過程前に研修し実践に備える．同所において2009年に厚生労働省障害者保健福祉推進事業（障害者自立支援調査研究プロジェクト）を単年度事業ではあったが実施し，その延長として田井港を挟み向かう十禅寺山にも研修地を設け，同市荘内地区田畑圃場管理を伴う農業・福祉連携の雇用創出の概要について紹介する．

①　水稲新品種「ふくのこ」

　2015年に農研機構西日本農業研究センターとNPO法人桃太郎ハンズとの協定

研究で水稲新品種「ふくのこ」の試験栽培に着手し，桃太郎ハンズは県内３地域での試験栽培を実施し，同時に製麺加工適性試験を開始した．従来の西日本向けの高アミロース品種の欠点を改良し，栽培や選別・精米が容易となった「ふくのこ」は 2016 年に品種登録され，2017 年には農研機構西日本農業研究センターと桃太郎ハンズが利用許諾契約を結び種苗の生産と販売を開始したが，地域性をアピールすることを踏まえ，ブランド米「桃太郎の吉備米」として商標登録を行った．米 100% の麺は接着性の添加物を使用したり糊化により麺状に仕上げる製法によるが，餅や団子のような食感の麺になってしまい食味も悪く経済的適性にも欠ける製品となるため普及困難の一因となっていた．ここで述べる米麺の製造方法の特許出願は，この点を改善したものである．

②　米 100% 麺の製造法および製品特性

米麺の製造方法はアミロース含有量が 35 重量 % 以下の米を粉砕する工程，粉砕した米に加水する工程，加水後の米をドライスチームで瞬時に加熱し糊化する工程および糊化して押し出し紐状に成形する工程を含むものである（図2）.

粉砕された米粒子の中心まで糊化すると餅感が出現して口の中は粘り食味が悪いが，中心はそのままで表面のみ糊化して米粒子間をつなぎ結合させることで茹で後の食味食感に「コシ」と呼ばれる弾力を発生させることになる．

また，米 100% のためグルテンフリーで小麦アレルギーの方は安心して食することができる．

さらに高アミロース米にはレジスタントスターチが含まれ，小腸では血糖値の上昇抑制作用，大腸では腸内細菌の発酵作用で有機酸に変えられ，腸内フローラの善玉菌優性効果で大腸癌や大腸炎の予防，中性脂肪やコレステロールの上昇抑制，インスリン抵抗性の改善など生活習慣病の予防や健康維持に役立つとされる．

図２　製麺押し出し機

③　技術の留保，機械化と障がい者の役割

利用許諾契約，商標登録によるブランド化，特許出願は，優先的に障がい者・高齢者・若者たちや地域づくりの人びとにとっての「受け皿」として働く場をつ

くる手段や原資となる．技術留保における優位性は「場の創出」には欠かせない
ものといえる．また，製麺工程で担保された優位性は自動麺カッター装置を使用
せず，手切り・袋詰めなど手作業を彼らに任せることになる．さらに食そのもの
の安心安全はもちろんであるが，製粉・製麺に至るまでの工程に危険回避の安全
装置を製麺機器に付与している．従来のウェットスチームは1m離れても熱症と
なることがあるが，ドライスチームでは噴出口より30cmも離れれば熱気をほぼ
感じない．特にドライスチームを扱う工程では障がい者・高齢者に配慮し，高温
高圧の蒸気で加工するための配管には火傷防止被覆や蒸気漏れにストッパーを備
えるなどの工夫を凝らし，安全の確保に万全を期している．

④　新技術導入による製麺法

　ウェットスチームは水気が多く熱伝達力が低いため，一定の糊化を求めるため
の時間・温度の抑制が出できず糊化の完了となり食味は餅で，ゴムをかみしめる
ような食感になる．ドライスチームは瞬時の発熱処理で水気がなく時間・温度
の制御が容易で「コシ」・弾力・硬さ調整がスムーズで，麺好きな日本人が好む
「コシ」のある麺そのものの食味食感を味わうことができる．

　図3は，ドライスチームを米粉生地に噴射した際の中心温度と麺の硬さ関係を
示したものである．生麺の硬さは温度が上がるにつれて直線的に硬くなるが，茹

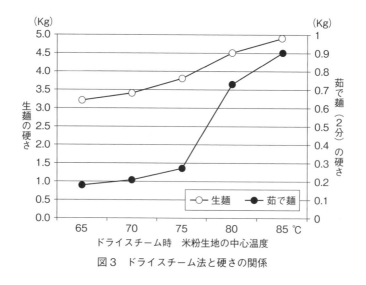

図3　ドライスチーム法と硬さの関係

で麺のそれは 75 ～ 80℃にかけて急激に硬くなる．このときいわゆる「コシ」の
ある麺は 73 ～ 77℃の中心温度のときに製造されるが，この図からは読みとるこ
とができない．

⑤　問題点と課題「継続と自立性」

就労継続支援 A 型店舗「Menya Pho」は健康に良いからと毎日のように来店
する常連客，地域の食事処紹介本や新聞社主催のスタンプラリーで来店する客で
賑わう中，障がいのある利用者はお客の声掛けに恥ずかしくて応じきれない者は
いたものの，はつらつと対応でき，一般就労に就いた者が 3 名，他の A 型事業所
に移行した者が 2 名いた．一方，自立生活をめざし他県から就職したが生活になじ
染めず実家に帰った者 1 名，自分探しの一環で就職したが音楽活動にいそしむ
者 1 名など，さまざまであった．特長・個性の引き出しで役目役割が明確になっ
ているため帰属性は軽薄であるが，立派に仕事をこなしている．現在，店舗は A
型という枠から外れ，営業時間内であれば自由出勤・自由退社の勤務形態で自分
の仕事に就く．製麺づくりの日もあれば，ホールに出て接客する日もあるという
様子である．新たなメニューの商品開発を行っており，麺を加熱後冷やすことで
レジスタントスターチの量が増える特長から，エスニック風「サラダフォー」や
和風「玄米麺」を考案，店舗外での販売にも着手している．

（3）　グリーンパパイヤの生産，出荷の様式および 6 次産業化への魅力

地域共生の一環としての農福連携の実践的研究が，NPO 法人桃太郎ハンズが
玉野市より指定管理を受けていた，「玉野市ボランティア活動研修センター」の
庭園内で，瀬戸内沿岸の温暖な気候を利用
して南国植物の発芽・栽培試験を 2006 年
度より始めた．その成果の一つであるグ
リーンパパイヤの栽培を，2012 年より「障
がい者・高齢者・若者たちの就農の実現」
と「水田の転作や休耕田の活用」「世代間
の絆と継承～野菜と健康，食育の推進」を
テーマに取り組んできたが，その概要につ
いて紹介する．

図4　育苗，土作り・植替え

① グリーンパパイヤの成育特性

高齢の農業従事者の後継者不足や水田の転作・休耕田の活用に，田圃であることを活かし，灌水するときは用水路から一気に用水を引き入れ，畝間全体に水を溜め，畝の湿り具合を観察しながら直ぐに溜めた水を引き落とす．このとき，滞水させないようにする．これが田圃を栽培地に選定した利点の一つで，灌水の手間を省く．水食いなのに滞水を嫌がるパパイヤ栽培には重要である．

② 水田への定植

当初，1本ずつ古墳型に行っていたが，2015年からは合理的に行うために，高畝60cm，株間は2.5〜3mで一定間隔に定植し，畝づくり・畝管理を楽にした．パパイヤは木本性であり，一般的には成木となり収穫までに1.5〜2年ほどかかるといわれ，温かい温度帯を好み，生育適温18〜30℃，生育温度12〜35℃に保つことが重要とされる．圃場づくりには，有機質の堆肥に微生物資材を混入撹拌し，1か月の拡大培養期間を設け，微生物の活性化を図ることにより圃場は団粒化や連作障害の予防に助長をなした．定植後はパパイヤを覆うようにキャップを施行し，朝夕の温度を一定に保つ．また，トマトやナスのような単年収穫の野菜のように毎年植え替えを行い，独自工夫された栽培ノウハウで育苗から6〜8か月の露地栽培での収穫を行う．

③ 水田での実り

パパイヤは水と風に弱いため，排水の良い自然条件で，ある程度風対策のできる圃場が最適とされる．高畝60cmは直根はないものの実際は下に30cm，葉の真下までしっかりとした根が横に大きく張る．一葉に1つの実をつけ，1本の収穫を終えるまでの窒素量は72g程度必要となる．平均30個の実をつけ，最多70個，市場価値の高い実を10個以上つけると上出来といえる．茎の太さは15〜20cm，葉の幅は約100cm，下から順に実を収穫して最後に葉を収穫してお茶にする．

④ 花の形態

パパイヤには雄株と雌株に両性株があり，Aは両性株の花，Bは雌株の花，Cは雄株の花（図5）．

雌株は環境に強く，雄株は環境に弱い．両性株の雌雄の程度は，水と肥料の効かし具合と温度に影響される．種をまけば雄株は遺伝的に致死する．一般的には

114

図5　パパイヤの花の形態

出典：パパイヤ（Carica papaya L.）の育種年限短縮に関する研究

図6　左は「卵型」，右は「ラグビー型」

結実しないため，遺伝子に致死遺伝子を組み込むことで雄株の出現を抑え，種をまけば雌株1：両性株2で出現する．形の良い商品性を高めるためにめざすのは雌株タイプ（B）か両性株タイプ（A-1）．形の良い商品性とは卵型に種なし，花粉がなくても実になる単為結果性という性質をもち，ラグビー型で受粉されると多くは種が入る（図6）．

　雌株でないと卵型は出現しないが，雌株だけを作るのは難しく，現在の課題である．市場では卵型で，Mサイズが良いとされる．

　⑤　規格の設定

　場の創出の手法としての入り口をグリーンパパイヤの生産，出口として市場から消費に至るまでの6次産業化への発展に向け，用途や機能を考慮した規格設定を設けている．

　⑥　青果外の用途と6次産業化

　地域の農家の皆さんからの知識や経験を学び，ともに"障がい者・高齢者・若者たちの就農の実現"をめざすそれぞれの専門分野の会社と連携を図り，動物へ

の餌テストの実施や商品開発を行っている．商品開発の例としては，パパイヤの根と木綿とで糸をつくり布にする自然派志向で，アレルギー体質の方に良い商品をつくるなど，実だけに限らない葉・茎まで，一切捨てるものなしで，幅広い消費者層の広がりを模索している．

（4） 陶器破砕培地における根付きパクチーの生産および販売形態の特徴

地方創生，地域の活性化において，生産年齢人口層の拡大や地域共生・働く場の創出は重要な課題であり，個人やチームメンバーの働く場に還元される経済性を有し，持続可能な社会事業システムが必要とされている．包括的地域福祉事業の観点から，米100％の麺フォーを彩る具材として県内農作物にこだわる香菜パクチーについて生産・販売形態の実例について紹介する．

① まっ白な根付きのパクチーを生産する方法とその形態と特長

香菜パクチーは，まっ白な根付きに価値がある．通常，土耕栽培すると根が黒くなるため，きわめて利用しづらい．水耕栽培に向いているが，根は酸素不足に陥り茶褐色化する．純白の根を保つため，充分な酸素を根に送ることができる培地の検討が必要となった．

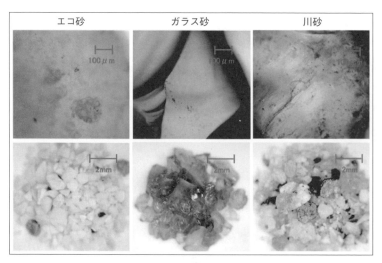

図7 粒状面の比較
左から「エコ砂」「ガラス砂」「川砂」 ※ふるい目 1 ～ 2mm

② 陶器破砕のエコ砂培地「パネル栽培」

　使用済みの陶器を粉砕・細粒化し，反復使用・再生可能な粒径にしたものをエコ砂と呼称する．エコ砂を培地として薄型パネル容器に敷き詰め，防根吸水紐システムと組み合わせた栽培法である．防根吸水紐システムでは，毛管現象により香菜が必要なとき，必要な量だけ水と肥料を供給することができる．その根は豊富な空気（酸素）にさらされているため，まっ白な状態を保つ．

③ エコ砂・ガラス砂・川砂の表面ポーラス度を顕微鏡で比較

　エコ砂では，粒子面がポーラスな穴があることが確認できる．ガラス砂では，なめらかな粒子面で凹凸がない．川砂では，なめらかな部分と，凹凸の部分が確認できる．一般的に培地は団粒化した排水の良い土が好まれるが，それは保水力もあり，通過した水の通り道が空気の通り道となるためである．エコ砂となる排材は陶器だけでなく，ガラス砂が大量に出ているが，今回の研究では，陶器破砕のエコ砂ポーラス培地を使用した．防根吸水紐システムの川砂を用いたトマト・メロン栽培では実績もあり確立されているが，近年，川砂の採取は河川法・砂利採取法により厳しく規制され，入手困難となっている．それに代わる陶器破砕のエコ砂は，環境にも配慮した培地として有用で，その特性は川砂と同等といえる．

図8　防根吸水紐とエコ砂パネル栽培

図9　香菜パクチーの根
左から「土栽培」「エコ砂栽培」

④ 花芽分化に及ぼす日長の影響

　高齢者・障がい者および若者たちの働く場の創出として，1年を通して就農できる周年性の栽培が望ましく，花芽形成の制御を実施．肥料や水切れで葉先は松

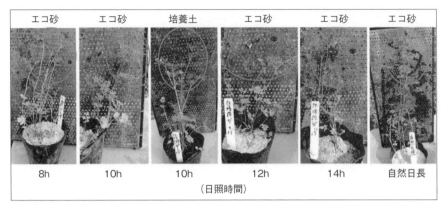

図10　パクチーの花芽分化に及ぼす日長の影響

葉のように細かく分かれ，いずれも花芽形成した．この時期のパクチー栽培は難しいとされるが，同時期に栽培したエコ砂栽培で旺盛に成育したパクチーは花芽が強く抑制されていた．これらの結果についての解釈は，一般に植物の花芽分化は窒素肥料を効かすと遅れ，切らすと早まる．この現象はC/N率で説明され，C（炭素）が変わらなければ，N（窒素）が高くなると花芽は抑制され，Nが低くなると花芽は促進される．パクチーもこれに該当し，長日下でも窒素の効かし具合でコントロールできると考えられ，パクチーの周年生産は期待できる．

⑤　地域経済の一助として多様な福祉社会の展望

根付き香菜パクチーの生産は，障がい者，高齢者，若者たちの能力や個性を活かす職能的要素を有し，生きがい・役割感を伴う社会参加を促すことで，生涯現役の定着につながる．公的扶助・相互扶助の軸足を一歩踏み出す自助・共助の活動として，包括的地域福祉の立場から志のある人たちを集め，一人ひとりとともに新しい営みの場を創り出していく．

（5）　ワークスタイルのイノベーションのために

社会資源開発にあっては，業務のどの作業に就くかではなく，得意の作業を見出し業務に就く．支援を必要とする「当事者」を中心に考え，個別の配慮事項を整え対応することが重要である．そのために，まずは，当事者本人のもつ自信につながる「強み」や「判断力」に着目しながら支援策を考えることが必要となる．

「地域の福祉力」は，人が介在することだけでなく，園芸療法など介在療法も有効とされ，社会資源の価値，人材育成，「顔の見える関係性」Face to Face を踏まえて，つなぎ役としての支援活動も肝要である．

　そのプロセスが訓練の「場の創出」であり，仕事をスキルアップさせるのも，グレードアップされるのも雇う側の力量しだいで変容する．したがって，雇う側の力量と雇われる側の職業能力をつなぎ合わせるには，コミュニケーションという方法が不可欠である．その「場の創出」は働かせ方として循環する就労支援体制が整うソーシャルファームこそが，日本に求められるワークスタイルのイノベーションにつながると考える．

3.　今後の課題

　まず，調査を実施する時期と対象とする就労継続支援 A 型事業所が抱える障害福祉サービス等報酬改定[7] による事業所運営の危機をかけ存続の展望に尽力されている時期が重なり，研究への協力と承諾が得られた調査対象である母数が少なかった．

　また，知的感覚や言語感覚といった障害特性の能力検査を行い，段階的に調査対象者を選定するのが一般的ではあるが，本研究のねらいとして，包摂性の高いワークエンゲイジメントの測定法の可能性を模索するにあたり，調査対象者の主観認識や解釈の力量といった調査者が定義した適応可否判定項目によって対象者を選定したことで本来の正答が得られてない可能性がある．

　一方では，ワークエンゲイジメントの回答欄に置かれた番号に印を付ける行動の中に，知覚感覚・言語感覚や障害特性の能力検査の結果判定からではなく，黙従や誘導の痕跡がうかがえる従属的な印の付け方が認識できた．これはリッカート尺度測定 7 段階の選択肢の多さによって付随した新たな傾向判定の結果として留意すべきことといえる．

注7)　障害者就労継続支援 A 型事業所は，労働関係法規の適用を受ける「労働者」に該当するとしていたが，福祉的就労の範疇で曖昧となっていたことを障発通知により，諸規程や報酬算定基準等の改定について段階的に厳格化されてきたことを示している．

最後に，本研究では，障害者の「働く場」を農福連携で活動する就労継続支援A型事業所に焦点を当て，成果を求めた．研究の過程で農業部門に障害特性と職種の適合に有意性を測ることができた．さらに非農業部門にもワークエンゲイジメントの範囲を広げたことにより，6次産業下で働く障害者の動向を，本研究の知見と重ね検証してゆきたい．

【引用・参考文献】

新井利昌（2017）『農福一体のソーシャルファーム』創森社.

荒尾雅文・潮見泰蔵（2013）「障害者の幸福度は健常者と差があるのか？」『第49回日本理学療法学術大会抄録集』41Suppl（2），1386.

朝日雅也（2008）「障害者の就労支援と保護雇用（特集障害者の自立と就労支援）」『障害者問題研究』（全国障害者問題研究会）36（2），96-104.

江口尚（2019）「ストレスチェック集団分析結果を活用したワーク・エンゲイジメントと産業保健スタッフに求められる活動」『産業保健21』（労働者健康安全機構）（98），8-9.

江本純子（2017）「システムとしての「職場」における障害者雇用の効用」『社会政策』（社会政策学会）8（3），92-105.

浜田勇（2016）「障害者総合支援法等改正案の議論と今後の課題 — 障害者総合支援法施行後3年の見直し —」『立法と調査』（参議院事務局企画調整室）379，105-117.

平野隆之（2008）『地域福祉推進の理論と方法』有斐閣.

平野隆之（2020）『地域福祉マネジメント — 地域福祉と包括的支援体制』有斐閣.

飯塚誠・白井義人・坂口美由紀（2019）「障がい者就労における離職の改善効果を確認できる幸福度測定法の開発」『環境福祉学研究』（環境福祉学会）4（1），57-69.

猪口孝（著）村山伸子・藤井誠二（編著）（2017）『QOLと現代社会「生活の質」を高める条件を学際的に研究する』明石書店.

猪瀬桂二（2008）「知的障害者が働くための職場環境と条件づくり — 特例子会社と授産施設における成功事例の分析から」『日本労働研究雑誌』（独立行政法人労働政策・研究機構）578，17-31.

伊藤亜紗（2019）『記憶する体』春秋社.

柏本行則（2017）「障がい者・高齢者および若者達のケア並びに働く場の創出に関する実践的研究　第1報：出向型と受入型法人の設立経緯と活動様態」『環境福祉学会第13回年次大会誌』14-15.

柏本行則（2017）「障がい者・高齢者および若者達のケア並びに働く場の創出に関する実践的研究　第2報：米100％の麺製造法に関わる技術の留保と障がい者の役割」『環境福祉学会第13回年次大会誌』16-17.

柏本行則（2018）「障がい者・高齢者および若者達のケア並びに働く場の創出に関する実践的研究　第3報：グリーンパパイヤの生産、出荷の様式および6次産業化への魅力」『環境福祉学会第14回年次大会誌』10-11.

柏本行則（2019）「障がい者・高齢者および若者達のケア並びに働く場の創出に関する実践的研究　第4報：陶器破砕における根付パクチーの生産及び販売形態の特長」『環境福祉学会第15回年次大会誌』34-35.

柏本行則（2023）「就労継続支援A型の3事業所における障がい者のワークエンゲイジメント評価」『環境福祉学研究』8（1），7-18

川上憲人（2019）「ワーク・エンゲイジメントが拓く新しい職場のメンタルヘルス対策」『産業保健21』

（労働者健康安全機構）（98），2-4.

大村和正（2011）「社会的企業のガバナンス ― 葛藤するマルチ・ステイクホルダー・ガバナンス ―」『人間福祉学研究』（関西学院大学人間福祉学研究部）4 (1).

国際労働機関（2013）「アジア太平洋地域におけるディーセント・ワークを伴う持続可能な未来の構築」『国際労働機関誌』，（国際労働機関事務局．)

近藤益代（2017）「障害者福祉領域における意思決定支援に関する一考察 ― 障害者権利条約に基づく理論分析 ―」『最新社会福祉学研究』（九州保健福祉大学）（12），1-10.

久保田晃生・波多野義郎（2006）「社会福祉学における QOL 研究の意義」『社会福祉学』（日本社会福祉学会）47 (3)，43-51.

工藤正（2008）「障害者雇用の現状と課題」『日本労働研究雑誌』（労働政策研究・研修機構）578，4-16.

クリストファー・ピーターソン（著）・宇野カオリ（訳）（2012）『ポジティブ心理学入門 ― よい生き方を科学的に考える方法』春秋社．

前野隆司（2013）『幸せのメカニズム－実践・幸福学入門』講談社．

前野隆司（2017）『実践ポジティブ心理学 幸せのサイエンス』PHP 研究所．

マーサ・ヌスバウム，アマルティア・セン（編著）竹友安彦（監修）水谷めぐみ（訳）（2006）『クオリティ・オブ・ライフ ― 豊かさの本質とは』里文出版．

松井亮輔（2008）「障害者の権利条約における障害者就労と欧米諸国の差別禁止法（特集障害者の自立と就労支援）」『障害者問題研究』（全国障害者問題研究会）36 (2)，105-113.

松井優子・小澤温（2018）「日本における知的障害者の就労の動向と課題に関する文献研究」『国立特別支援教育総合研究所研究紀要』（国立特別支援教育総合研究所）45，13-26.

松下光穂・谷口泰司（2010）「福祉的就労の現状と課題に関する一考察」『関西福祉大学 社会福祉学部研究紀要』（関西福祉大学大学院）14 (1)，93-101.

マーティン・セリグマン（著）・宇野カオリ監訳（2014）『ポジティブ心理学の挑戦 "幸福" から "持続的幸福" へ』ディスカヴァー・トゥエンティワン．

峰島厚・岡本裕子（2012）「障害者雇用の推進方策のあり方」『立命館産業社会論集』（立命館大学）48 (1)，197-210.

永井伸一・安原稔・闇目昌敏・ほか（2016）「給水紐を用いた植物の簡易栽培法による高齢者への癒しの効果」『環境福祉学研究』（環境福祉学会）1 (1)，29-41.

中野博子（2014）「『ふれあい』と『いい関係』について」『心身健康科学』（日本心身健康科学会）10 (1)，10-13.

中尾文香（2014）「障害者授産施設の変遷と就労継続支援 B 型事業所における知的障害者のディーセント・ワークのあり方について」『東洋大学大学院紀要』（東洋大学大学院）50，321-421.

中尾文香（2017）「就労継続支援事業所における組織運営のあり方と新たな社会的価値の創造（知的障害者就労の多様な場 ― 組織・職場の運営の観点から ―）」『発達障害研究』（日本発達障害学会）39 (4)，318-326.

西本典良（2014）『障害者就労におけるディーセントワーク実現の課題』平成 24 年度研究プロジェクト，社会保険労務士総合研究所．

NPO 法人就労継続支援 A 型事業所全国協議会（2016）『就労継続支援 A 型事業の課題と今後のあり方に

　　ついて』就労継続支援 A 型事業所全国実態調査報告書，NPO 法人就労継続支援 A 型事業所全国協議会.

小田切岳士・森浩平・田中敦士（2020）「障害のある労働者の心理的健康度向上に向けた配慮の在り方」
　　―ワーク・エンゲイジメントに注目して ―」『札幌学院大学人文学会紀要』（札幌学院大学）（108），
　　55-64.

大村和正（2011）「社会的企業のガバナンス」― 葛藤するマルチ・ステイクホルダー・ガバナンス ―『人
　　間福祉学研究』（関西学院大学）4（1），43-55.

小澤温（2018）「障害者福祉制度の近年の動向と課題」『社会保障研究』2（4），pp.442-454.

櫻井純理（2019）「日本における中間的就労機会の広がり（社会的包摂にどう結びつけるのか？）」『日本
　　労働研究雑誌』（労働政策研究・研修機構）713，67-76.

柴田謙治（2009）「社会資源を開発しよう」柴田謙治編著『地域福祉』ミネルヴァ書房，105-114.

柴田学（2011）「日本における社会起業理論を再考する ― 地域福祉への新たな視座を求めて ―」『Human
　　Welfare : HW』（関西学院大学）3（1），91-105.

柴田学（2014）「地域福祉におけるコミュニティ・ビジネスの可能性 ― コミュニティ・ビジネスの実践
　　事例をもとに ―」『Human Welfare : HW』（関西学院大学）6（1），77-92.

島井哲志・宇津木成介（2008）「ポジティブ心理学におけるリーダーシップ」『経営行動科学』（経営行動
　　科学学会）21（1），1-10.

島津明人（2014）『ワーク・エンゲイジメント ― ポジティブ・メンタルヘルスで活力ある毎日を』労働
　　調査会.

島津明人（2019）「産業保健心理学からみた持続可能な働き方」『独立行政法人経済産業研究所』2019 年
　　1 月，19-P-001

島津明人（2019）「ワーク・エンゲイジメントの基礎知識と海外の最新動向」『産業保健 21』2019. 10.
　　（98）.

島津明人（2019）「職場のメンタルヘルスとワーク・エンゲイジメント」『医療経済研究』（医療経済学会）
　　31（1），15-26.

炭谷茂（2011）『新しい障害者の就業のあり方としてのソーシャルファームについての研究調査』，特定
　　非営利活動法人 NPO 人財開発機構.

炭谷茂（2012）『日本におけるソーシャルファームの動向』国際セミナー報告書　インクルーシブな障害
　　者雇用の現在 ― ソーシャル・ファームの新しい流れ，障害保健福祉研究情報システム.

就労支援のあり方を考える有識者会議（2019）『東京都における就労支援のあり方について報告書』第 8
　　回就労支援のあり方を考える有識者会議，東京都産業労働局.

瀧川賢司・山崎喜比古（2014）「知的障害者の「いきいき」就労につながる要因に関する実証的研究 ―
　　ライフ・ライン・メソッドを用いて量的測定・解析を加えた少数事例研究への試み ―」『日本社会福祉
　　学会第 62 回秋季大会ポスター発表 A』（日本福祉学会）577-578.

瀧川賢司（2016）「知的障がい者の「いきいき」とした就労生活に関わる要因分析 ― ライフ・ライン・
　　メソッドの福祉研究への応用 ―」『福祉社会開発研究』（日本福祉大学大学院）（11），25-35.

瀧川賢司・山崎喜比古（2016）「犯罪に至る前後の知的障がい者の支援に関する研究犯罪予防支援と就労
　　生活自立支援」『2016 年度一般研究助成研究報告書』（日工組社会安全研究財団）1-45.

田中夏子（2004）「非営利協同セクターによる，市場と社会関係の再構築に関する実証的研究と中範囲理

論形成」(都留文科大学)

寺島彰(2014)「わが国のソーシャル・ファームを発展させるための考察」『浦和論叢』(浦和大学)(50),63-83.

内田由紀子・竹村幸祐(2012)『農をつなぐ仕事』創森社.

上田早記子(2010)「雇用政策と障害者(1)～障害者雇用状況報告の変遷～」『四天王寺大学大学院研究論集』(四天王寺大学大学院)(5),61-79.

若林功(2007)「働く障害者の職業上の希望実現度と職務満足度が離職意図に及ぼす効果」『職業リハビリテーション』(日本職業リハビリテーション学会)21(1),2-15.

ウィルマー・B・シャウフェリ,ピーターナル・ダイクストラ(著)島津明人,佐藤美奈子(訳)(2012)『ワーク・エンゲイジメント入門』星和書店.

山田明(1987)「現代における障害者福祉の展開」『講座障害者の福祉第1巻障害者の福祉と人権』光生館.101-128.

山田雅穂(評者)(2012)「米澤旦著「労働統合型社会的企業の可能性 ― 障害者就労における社会的包摂へのアプローチ」」『法政大学大原社会問題研究所雑誌』(法政大学大原社会問題研究所)644,74-78.

山本公平(2013)「農業・農村における社会的企業に関する既往関連研究の整理と課題」『広島経済大学経済研究論集』(広島経済大学経済学会)35(4),93-105.

山崎勝之(2006)「ポジティブ感情の役割 ― その現象と機序」『パーソナリティ研究』(日本パーソナリティ心理学会)14(3),305-321.

米澤旦(2009)「欧州における労働統合型社会的企業の現状」『日本労働研究雑誌』(労働政策研究・研修機構)592,110-111.

米澤旦(2009)「労働統合型社会的企業における資源の混合」『ソシオロゴス』(東京大学文学部社会学研究室)33,101-122.

米澤旦(2014)「障害者と一般就労者が共に働く『社会的事業所』の意義と課題(共同連を事例として)」『日本労働研究雑誌』(労働政策研究・研修機構)646,64-75.

米澤旦(2018)「『福祉の市場化・民営化』と労働統合型社会的企業(社会サービス供給組織への新しい見方)」『社会政策』(社会政策学会)9(3),62-73.

【参考資料】

ILO駐日事務所(2006)『障害を有する労働者とILO』
https://www.ilo.org/wcmsp5/groups/public/---asia/---ro-bangkok/---ilo-tokyo/documents/article/wcms_249625.pdf (2021年12月28日閲覧)

厚生労働省(2002)『市町村地域福祉計画及び都道府県地域福祉支援計画策定指針の在り方について(一人ひとりの地域住民への訴え)』
https://www.mhlw.go.jp/shingi/2002/01/s0128-3.html (2021年12月28日閲覧)

厚生労働省(2012)『ディーセント・ワークと企業経営に関する調査研究事業報告書』

https://www.mhlw.go.jp/bunya/roudouseisaku/dl/decentwork.pdf（2021 年 12 月 28 日閲覧）

厚生労働省（2017）『働き方改革実行計画』

https://www.mhlw.go.jp/file/05-Shingikai-12602000-Seisakutoukatsukan-Sanjikanshitsu_Roudouseisakutantou/0000173130.pdf（2021 年 12 月 28 日閲覧）

厚生労働省職業安定局（2017）「『障害者雇用の現状等』資料 3」

https://www.mhlw.go.jp/file/05-Shingikai-11601000-Shokugyouanteikyoku-Soumuka/0000178930.pdf（2021 年 12 月 28 日閲覧）

厚生労働省（2018）『今後の障害者雇用促進制度の在り方に関する研究報告書』

https://www.mhlw.go.jp/content/11704000/000341830.pdf（2021 年 12 月 28 日閲覧）

厚生労働省（2018）『障害者雇用対策の基本事項』

https://www.mhlw.go.jp/content/11704000/000463557.pdf（2021 年 12 月 28 日閲覧）

厚生労働省（2020）『令和 2 年障害者雇用状況の集計結果』

https://www.mhlw.go.jp/content/11704000/000747732.pdf（2021 年 12 月 28 日閲覧）

内閣府（2008）『安全・安心で持続可能な未来のための社会的責任に関する研究会報告書』

https://dl.ndl.go.jp/view/download/digidepo_1167162_po_kenkyukai-honbun.pdf?contentNo=1&alternativeNo=（2021 年 12 月 28 日閲覧）

農林水産省（2019）『農福連携等推進ビジョン』

https://www.kantei.go.jp/jp/singi/nousui/dai25/siryou4-2.pdf（2021 年 12 月 28 日閲覧）

東京都（2019）『東京都における就労支援のあり方について報告書』

https://www.metro.tokyo.lg.jp/tosei/hodohappyo/press/2019/11/13/documents/02_01.pdf（2021 年 12 月 28 日閲覧）

資　　　料

仕事に関する調査 (UWES) ©

次の 17 の質問文は，仕事に関してどう感じているかを記述したものです．各文をよく読んで，あなたが仕事に関してそのように感じているかどうかを判断してください．そのように感じたことが一度もない場合は，0（ゼロ）を，感じたことがある場合はその頻度に当てはまる数字（1から6）を，質問文の左側の下線部に記入してください．

	ほとんど感じない	めったに感じない	時々感じる	よく感じる	とてもよく感じる	いつも感じる
0	1	2	3	4	5	6
全くない	1年に数回以下	1ヶ月に1回以下	1ヶ月に数回	1週間に1回	1週間に数回	毎日

1. _____ 仕事をしていると，活力がみなぎるように感じる．(活力1)*
2. _____ 自分の仕事に，意義や価値を大いに感じる．(熱意1)
3. _____ 仕事をしていると，時間がたつのが速い．(没頭1)
4. _____ 職場では，元気が出て精力的になるように感じる．(活力2)*
5. _____ 仕事に熱心である．(熱意2)*
6. _____ 仕事をしていると，他のことはすべて忘れてしまう．(没頭2)
7. _____ 仕事は，私に活力を与えてくれる．(熱意3)*
8. _____ 朝に目がさめると，さあ仕事へ行こう，という気持ちになる．(活力3)*
9. _____ 仕事に没頭しているとき，幸せだと感じる．(没頭3)*
10. _____ 自分の仕事に誇りを感じる．(熱意4)*
11. _____ 私は仕事にのめり込んでいる．(没頭4)*
12. _____ 長時間休まずに，働き続けることができる．(活力4)
13. _____ 私にとって仕事は，意欲をかきたてるものである．(熱意5)
14. _____ 仕事をしていると，つい夢中になってしまう．(没頭5)*
15. _____ 職場では，気持ちがはつらつとしている．(活力5)
16. _____ 仕事から頭を切り離すのが難しい．(没頭6)
17. _____ ことがうまく運んでいないときでも，辛抱強く仕事をする．(活力6)

---

* 短縮版 (UWES-9)

© Schaufeli & Bakker (2003)　ユトレヒト・ワーク・エンゲイジメント尺度は，営利目的ではなく学術研究が目的の場合には自由にご使用いただけます．営利目的あるいは非学術研究での使用を目的とされる場合には，著者による書面での許可が必要です．

〔調査票〕
就労している障がい者の主観的ワークエンゲイジメントの調査 資料2

　このアンケート調査は，障がい者就労の職場において利用者のメンタルヘルス感覚をワークエンゲイジメント尺度測定を用いて調査することによって，就労支援形態の訓練・トレーニング方法の新たな方法を見出すことができるか検証することを目的としています．
※仕事に誇りを持ち，仕事にエネルギーを注ぎ，仕事から活力を得て活き活きしている状態を「ワークエンゲイジメント」と言います．

対象者は就労している利用者の皆さま方です．

〈研究のご協力について〉

・研究への協力は任意です．またこの調査へのご協力をしないことで不利益を受けることは一切ありません．
・収集したデータ等は目的以外には使用しません．
・研究成果は日本福祉大学の修士論文としてまとめ公表いたします．
・研究へのご協力に対する謝礼は特にありません．
・協力していただくことで費用負担はありません．

　上記をご理解のうえ，回答へのご協力をよろしくお願いいたします．

日本福祉大学大学院　社会福祉学研究科　調査実施者：柏本行則

〈問1〉
あなたご自身についておたずねします．

(1) 性別（　1．女性　　2．男性　）

(2) 現在の職場の勤続（在籍）年数（　　　　年）

(3) 年齢（　1. 10代　　2. 20代　　3. 30代　　4. 40代　　5. 50代　　6. 60代以上　）

(4) 職場作業（　1．製造　　2．加工　　3．販売　　4．農業　　5．その他　）

(5) 障がい区分 （ 1. 身体　　2. 知的　　3. 精神　　4. その他）

(6) 一般企業 就労をめざしている.

　　（ 1. はい　　2. いいえ　　3. どちらともいえない ）

(7) ソーシャルファーム（社会的企業）への 就労をめざしている.

　　（ 1. はい　　2. いいえ　　3. どちらともいえない ）

〈問2〉

以下，ワークエンゲージメント（UWES）についてお伺いします. 次の17の質問文は，仕事に関してどう感じているか記述したものです. 各文をよく読んで，あなたが仕事に関してそのように感じているかどうかを判断してください. そのように感じたことが一度もない場合は，0（ゼロ）を，感じたことがある場合は，1から6の数字のうち，その頻度で当てはまるものに○をつけてください.

質問　※あてはまるばんごうに○をつけてください		0 全くない	1 とてもよく感じる（1週間に数回）	2 よく感じる（1週間に1回）	3 時々感じる（1ヶ月に数回）	4 めったに感じない（1ヶ月に1回）	5 ほとんど感じない（1年に1回以下）	6 いつも感じる（毎日）
1	仕事をしていると，活力がみなぎるように感じる.（活力1）							

	質問 ※あてはまるばんごうに○をつけてください		0 全くない	1 ほとんど感じない（1年に数回以下）	2 めったに感じない（1ヶ月に1回以下）	3 時々感じる（1ヶ月に数回）	4 よく感じる（1週間に1回）	5 とてもよく感じる（1週間に数回）	6 いつも感じる（毎日）
2	自分の仕事に，意義や価値を大いに感じる．(熱意1)								

	質問 ※あてはまるばんごうに○をつけてください		0 全くない	1 ほとんど感じない（1年に数回以下）	2 めったに感じない（1ヶ月に1回以下）	3 時々感じる（1ヶ月に数回）	4 よく感じる（1週間に1回）	5 とてもよく感じる（1週間に数回）	6 いつも感じる（毎日）
3	仕事をしていると，時間がたつのが速い．(没頭1)								

	質問 ※あてはまるばんごうに○をつけてください		0 全くない	1 ほとんど感じない（1年に数回以下）	2 めったに感じない（1ヶ月に1回以下）	3 時々感じる（1ヶ月に数回）	4 よく感じる（1週間に1回）	5 とてもよく感じる（1週間に数回）	6 いつも感じる（毎日）
4	職場では，元気が出て精力的になるように感じる．(活力2)								

131

質問 ※あてはまるばんごうに○をつけてください		0 全くない	1 ほとんど感じない（1年に数回以下）	2 めったに感じない（1ヶ月に1回以下）	3 時々感じる（1ヶ月に数回）	4 よく感じる（1週間に1回）	5 とてもよく感じる（1週間に数回）	6 いつも感じる（毎日）
5	仕事に熱心である。(熱意2)							

質問 ※あてはまるばんごうに○をつけてください		0 全くない	1 ほとんど感じない（1年に数回以下）	2 めったに感じない（1ヶ月に1回以下）	3 時々感じる（1ヶ月に数回）	4 よく感じる（1週間に1回）	5 とてもよく感じる（1週間に数回）	6 いつも感じる（毎日）
6	仕事をしていると、他のことはすべて忘れてしまう。(没頭2)							

質問 ※あてはまるばんごうに○をつけてください		0 全くない	1 ほとんど感じない（1年に数回以下）	2 めったに感じない（1ヶ月に1回以下）	3 時々感じる（1ヶ月に数回）	4 よく感じる（1週間に1回）	5 とてもよく感じる（1週間に数回）	6 いつも感じる（毎日）
7	仕事は、私に活力を与えてくれる。(熱意3)							

132

質問　※あてはまるばんごうに○をつけてください		0 全くない	1 ほとんど感じない（1年に数回以下）	2 めったに感じない（1ヶ月に1回以下）	3 時々感じる（1ヶ月に数回）	4 よく感じる（1週間に1回）	5 とてもよく感じる（1週間に数回）	6 いつも感じる（毎日）
8	朝に目がさめると，さあ仕事へ行こう，という気持ちになる． (活力3)							

質問　※あてはまるばんごうに○をつけてください		0 全くない	1 ほとんど感じない（1年に数回以下）	2 めったに感じない（1ヶ月に1回以下）	3 時々感じる（1ヶ月に数回）	4 よく感じる（1週間に1回）	5 とてもよく感じる（1週間に数回）	6 いつも感じる（毎日）
9	仕事に没頭しているとき，幸せだと感じる． (没頭3)							

質問　※あてはまるばんごうに○をつけてください		0 全くない	1 ほとんど感じない（1年に数回以下）	2 めったに感じない（1ヶ月に1回以下）	3 時々感じる（1ヶ月に数回）	4 よく感じる（1週間に1回）	5 とてもよく感じる（1週間に数回）	6 いつも感じる（毎日）
10	自分の仕事に誇りを感じる． (熱意4)							

133

	質問　※あてはまるばんごうに○をつけてください		0 全くない	1 ほとんど感じない（1年に数回以下）	2 めったに感じない（1ヶ月に1回以下）	3 時々感じる（1ヶ月に数回）	4 よく感じる（1週間に1回）	5 とてもよく感じる（1週間に数回）	6 いつも感じる（毎日）
11	私は仕事にのめり込んでいる。（没頭4）								

	質問　※あてはまるばんごうに○をつけてください		0 全くない	1 ほとんど感じない（1年に数回以下）	2 めったに感じない（1ヶ月に1回以下）	3 時々感じる（1ヶ月に数回）	4 よく感じる（1週間に1回）	5 とてもよく感じる（1週間に数回）	6 いつも感じる（毎日）
12	長時間休まずに，働き続けることができる．（活力4）								

	質問　※あてはまるばんごうに○をつけてください		0 全くない	1 ほとんど感じない（1年に数回以下）	2 めったに感じない（1ヶ月に1回以下）	3 時々感じる（1ヶ月に数回）	4 よく感じる（1週間に1回）	5 とてもよく感じる（1週間に数回）	6 いつも感じる（毎日）
13	私にとって仕事は，意欲をかきたてるものである．（熱意5）								

番号	質問　※あてはまるばんごうに○をつけてください		6 いつも感じる（毎日）	5 とてもよく感じる（1週間に数回）	4 よく感じる（1週間に1回）	3 時々感じる（1ヶ月に数回）	2 めったに感じない（1ヶ月に1回以下）	1 ほとんど感じない（1年に数回以下）	0 全くない
14	仕事をしていると，つい夢中になってしまう.（没頭5）								
15	職場では、気持ちがはつらつとしている.（活力5）								
16	仕事から頭を切り離すのが難しい.（没頭6）								

135

質問 ※あてはまるばんごうに○をつけてください		0 全くない	1 とてもよく感じる（1週間に数回）	2 よく感じる（1週間に1回）	3 時々感じる（1ヶ月に数回）	4 めったに感じない（1ヶ月に1回以下）	5 ほとんど感じない（1年に数回以下）	6 いつも感じる（毎日）
17	ことがうまく運んでいないときでも，辛抱強く仕事をする．（活力6）							

〈問3〉 仕事と生活の調和

あなたと職員（指導員・支援員）が病気など不安に思うことで会話している内容についておたずねします．

当てはまる番号に○を1つ付けてください．

(1) 病院の通院や職場への通所について話し合ったり相談することがある．

　　0. 全くない

　　1. ほとんどない　　　　　（1年に数回以下）

　　2. めったにない　　　　　（1ヶ月に1回以下）

　　3. 時々ある　　　　　　　（1ヶ月に数回）

　　4. よくある　　　　　　　（1週間に1回）

　　5. とてもよくある　　　　（1週間に数回）

　　6. いつもある　　　　　　（毎日）

(2) 健康・体調について話し合ったり相談することがある．

　　0. 全くない

　　1. ほとんどない　　　　　（1年に数回以下）

　　2. めったにない　　　　　（1ヶ月に1回以下）

　　3. 時々ある　　　　　　　（1ヶ月に数回）

　　4. よくある　　　　　　　（1週間に1回）

　　5. とてもよくある　　　　（1週間に数回）

6. いつもある 　　　　　　（毎日）

(3) 安全・安心について話し合ったり相談することがある.

0. 全くない

1. ほとんどない 　　　　　　（1年に数回以下）

2. めったにない 　　　　　　（1ヶ月に1回以下）

3. 時々ある 　　　　　　（1ヶ月に数回）

4. よくある 　　　　　　（1週間に1回）

5. とてもよくある 　　　　　　（1週間に数回）

6. いつもある 　　　　　　（毎日）

〈問4〉 対人関係

あなたと職員（指導員・支援員）が人との関わり方で会話している内容についておたずねします.

当てはまる番号に○を1つ付けてください.

(1) 職場の友人・ペアの組み方について話し合ったり相談することがある.

0. 全くない

1. ほとんどない 　　　　　　（1年に数回以下）

2. めったにない 　　　　　　（1ヶ月に1回以下）

3. 時々ある 　　　　　　（1ヶ月に数回）

4. よくある 　　　　　　（1週間に1回）

5. とてもよくある 　　　　　　（1週間に数回）

6. いつもある 　　　　　　（毎日）

(2) 職員・同僚（利用者仲間）の接し方について話し合ったり相談することがある.

0. 全くない

1. ほとんどない 　　　　　　（1年に数回以下）

2. めったにない 　　　　　　（1ヶ月に1回以下）

3. 時々ある 　　　　　　（1ヶ月に数回）

4. よくある 　　　　　　（1週間に1回）

5. とてもよくある 　　　　　　（1週間に数回）

6. いつもある 　　　　　　（毎日）

資料

(3) 言葉づかい・態度について話し合ったり相談することがある.

    0. 全くない

    1. ほとんどない　　　　　（1年に数回以下）

    2. めったにない　　　　　（1ヶ月に1回以下）

    3. 時々ある　　　　　　　（1ヶ月に数回）

    4. よくある　　　　　　　（1週間に1回）

    5. とてもよくある　　　　（1週間に数回）

    6. いつもある　　　　　　（毎日）

〈問5〉　作業性

あなたと職員（指導員・支援員）が作業や仕事のことで会話している内容についておたずねします.

当てはまる番号に○を1つ付けてください.

(1) 道具・設備について話し合ったり相談することがある.

    0. 全くない

    1. ほとんどない　　　　　（1年に数回以下）

    2. めったにない　　　　　（1ヶ月に1回以下）

    3. 時々ある　　　　　　　（1ヶ月に数回）

    4. よくある　　　　　　　（1週間に1回）

    5. とてもよくある　　　　（1週間に数回）

    6. いつもある　　　　　　（毎日）

(2) 作業内容・技術について話し合ったり相談することがある.

    0. 全くない

    1. ほとんどない　　　　　（1年に数回以下）

    2. めったにない　　　　　（1ヶ月に1回以下）

    3. 時々ある　　　　　　　（1ヶ月に数回）

    4. よくある　　　　　　　（1週間に1回）

    5. とてもよくある　　　　（1週間に数回）

    6. いつもある　　　　　　（毎日）

(3) 作業分担・役割について話し合ったり相談することがある.

    0. 全くない

    1. ほとんどない　　　　　（1年に数回以下）

    2. めったにない　　　　　（1ヶ月に1回以下）

    3. 時々ある　　　　　　　（1ヶ月に数回）

    4. よくある　　　　　　　（1週間に1回）

    5. とてもよくある　　　　（1週間に数回）

    6. いつもある　　　　　　（毎日）

あ と が き

　政府は，令和5年から障害者雇用率を現行より段階的に引き上げることを決定し，雇入れや定着支援の充実にさらなる強化を図るとしています．企業に合理的配慮の義務化が決定し，就職や転職の際に障害のあることを隠してはいけないという法律はないにも関わらず，障害を隠して働いた障害者の離職率はとても高く，それは配慮されないための結果だったのではないでしょうか．

　本書には，障害者など働きづらさを抱えた人々に，ソーシャルファームの働き方を取り入れて，個性や特徴を特長に助長する支援を行い，やりがいや働きがいのある「場」の創出により，一人ひとりが持ち場を守り，役割をしっかりと果たすことで，共生する仲間との絆が生まれ，働く意欲が引き出される就労環境を生み出す様子をご紹介しています．

　社会への提案として，または持続可能な開発のためのグローバル・パートナーシップの役割を果たすステークホルダーを募り，社会的企業や就労系障害福祉サービス等を行う起業家の皆さんにもご一読いただければ有難いです．

　本書は多くの方々のご支援とご協力のもとに刊行されました．

　まず，本書に至る契機となった環境福祉学会への研究発表，計4報をサポートいただいた岡山大学名誉教授の桝田正治先生に心より感謝致します．桝田先生の「園芸を科学することにより障害福祉に役立てる」熱意の技術指導が模範となっています．

　その4報の研究をまとめようとして臨んだ修士課程で，主観を測定する指標の選択に迷う私に，伴走型の研究支援をいただいた日本福祉大学大学院教授の小松理佐子先生に改めて感謝の気持ちを伝えたいと思います．どうしても，4報のまとめ研究にこだわる私に，社会福祉学研究の基礎から指導していただき，のびのびと研究できる環境を与えてくださいました．

　研究の調査でお世話になりました岡山県農福連携サポートセンターの弘瀬敦生

様，障害者継続支援Ａ型3事業所の管理者様ならびに職員の皆様，利用者の皆様には貴重な資料のご提供とともに，多大なご協力をいただきました．記して御礼申し上げます．

　県立広島大学大学院教授の住居広士先生には，「忘れないうちに残すように」と本書を出版する機会を与えてくださったことに，心よりお礼申し上げます．

　また，本書の出版をお引き受けいただいた大学教育出版の佐藤守社長，編集部のスタッフの皆様に感謝いたします．

　最後に陰ながら私の仕事を応援してくれている生き活き館・桃太郎ハンズの職員の皆様，地域活動をともにしてくれている皆様，私の健康を気づかい応援してくれる妻と家族に改めて感謝したいと思います．

■著者紹介

柏本　行則　（かしもと　ゆきのり）

1956 年岡山市生まれ。
社会福祉法人生き活き館 理事長
特定非営利活動法人桃太郎ハンズ 理事長

放送大学大学院文化科学研究科修士課程修士専科履修。
日本福祉大学大学院社会福祉学研究科社会福祉学専攻修士課程修了。
修士（社会福祉学）。専門は、環境福祉学・地域共生の福祉開発。
1999 年に特定非営利活動法人、2001 年に社会福祉法人を設立。
「心の通う人づくり」の理念のもと、介護福祉、高齢福祉、地域の相互扶助
活動、地域の環境学習、健康増進、まちづくり推進など、幅広い社会貢献事
業の展開に尽力。

障がい者のワークエンゲイジメント
― ソーシャルファームにおける就労支援の方向性 ―

2023 年 11 月 13 日　初版第 1 刷発行

■著　　者 ─── 柏本行則
■発 行 者 ─── 佐藤　守
■発 行 所 ─── 株式会社 大学教育出版
　　　　　　　〒 700-0953 岡山市南区西市 855-4
　　　　　　　電話（086）244-1268　FAX（086）246-0294
■印刷製本 ─── モリモト印刷㈱

ISBN978-4-86692-224-9